Inhalt

Vorwort

Die Zeit zwischen dem Martinstag und dem Dreikönigstag gehört zu der erlebnisreichsten Zeit im Kindergarten überhaupt. Gerade hier wird deutlich, welche emotionalen Erlebnisse ermöglicht werden können, die im gemeinsamen Spielen, Singen und Basteln angebahnt werden.

So will diese Sammlung hauptsächlich dem Erzieher Materialien anbieten, mit denen er auf eine ihm mögliche und akzeptable Weise arbeiten kann. Wenn er selbst von einzelnen Inhalten oder Anregungen angetan ist, wird es ihm nicht schwerfallen, diese in seine eigene tägliche Praxis umzusetzen. Was ihm selbst gefällt und Freude macht, wird sich – und das zeigt die tägliche Praxis deutlich auf – ebenso stark übertragen lassen, so daß Erzieher und Kinder beim gemeinsamen Tun ehrliche und echte Vorweihnachtsfreude erfahren können.

Alle Angebote sind so ausgewählt, daß sie spontan eingesetzt werden können. Dabei geht es nicht darum, ein festes Spiel beispielsweise für eine Weihnachtsfeier „einzuüben". Vielmehr soll der Erzieher angeregt werden, aus den vorgegebenen Materialien das zu entdecken, was er selbst variieren und neu gestalten kann und was im Spiel mit den Kindern kreativ neu gestaltet wird.

Das Erleben in der Gruppe erscheint mir am wichtigsten, nicht das, was eventuell bei einem Elternabend oder im Rahmen einer Weihnachtsfeier dann schließlich vorgestellt wird. In jedem Falle ist eine Weihnachtsfeier, an der alle beteiligt sind durch gemeinsames Singen und Spielen, vielleicht auch durch gemeinsames Vorbereiten, weit kreativer und befriedigender als vorgeübte Spiele, in denen gezeigt werden soll, „was unsere Kinder alles können".

Wie bereits das von E. Striewe im selben Verlag vorgelegte Buch „Das Sommerfest im Kindergarten", möchte dieses Weihnachtsbuch Erzieherinnen und allen, die die Adventszeit und Weihnachten mit Kindern und Erwachsenen feiern wollen, Anregungen hierfür geben. Alles kann beliebig verändert und ausgetauscht werden, denn jeder Kindergarten, jeder Erzieher hat oder entwickelt seinen eigenen Stil.

Besonders wurde darauf geachtet, daß viele Angebote vorgestellt werden, die bereits mit Dreijährigen ausgeführt werden können.

Martinstag

Die liebenswerte Gestalt des Heiligen Martin wird im Kindergarten jährlich vorgestellt, wobei das Laternenbasteln und Laternenumzüge Eltern und Kinder motivieren können. In manchen Gegenden zieht der Heilige Martin auf seinem Pferd an der Spitze eines Laternenzuges durch die Straßen, wozu Kinder und Erwachsene gemeinsam die alten überlieferten und neue Laternenlieder singen. Vielfach werden auch gemeinsam mit den Kindern Martinsbrezeln gebacken, die im Rahmen einer kleinen Feier verzehrt werden.
Martin von Tours (316/17–398), in Ungarn geboren, war zunächst Offizier des römischen Kaisers. Mit 18 Jahren ließ er sich taufen. Mit 40 Jahren quittierte er seinen Dienst im Heer, wurde Missionar und wirkte seit 371 als Bischof von Tours. Nach der Legende ist dem noch nicht getauften jungen Offizier Martin an einem kalten Winterabend ein Bettler begegnet, der nur noch Lumpen auf seinem Leib trug und vor Kälte wimmerte. Als Martin ihn sah, nahm er sein Schwert und schnitt damit seinen eigenen Mantel mittendurch. Die eine Hälfte gab er dem Armen. Die andere Hälfte legte er sich selbst wieder um.
In der folgenden Nacht soll dem Martin Jesus Christus im Schlaf erschienen sein. Er soll jenes Mantelstück getragen haben, das Martin dem armen Bettler am Abend geschenkt hatte. So ließ sich Martin auch bald darauf taufen. Das Fest des Heiligen Martin, der Martinstag, wird am 11. November gefeiert.

Geschichten von Sankt Martin

Die Legende vom Heiligen Martin

Martins größter Wunsch war, einmal ein Soldat des Kaisers zu werden. Deshalb trat er schon früh in das Heer des Kaisers ein. Er war noch nicht einmal achtzehn Jahre alt. Martin war mutig und tapfer. Er hatte viele Freunde. Aber besonders stolz war er auf sein Pferd. Für Martin gab es nichts Schöneres, als auf seinem Pferd durch die Straßen der Stadt zu reiten. Sogar im Winter sattelte er sein Pferd und machte mit ihm einen Ausritt. An einem Abend war es besonders kalt. Auf den Straßen lag dicker Schnee. Trotzdem sattelte Martin sein Pferd und führte es aus dem Stall. Als er durch die Straßen ritt, begegnete ihm kein Mensch. Nicht einmal ein Hund trieb sich noch draußen herum. Allen war es viel zu kalt. Die Menschen hockten in ihren Zimmern um das Feuer herum, und die Tiere rückten im Stall ganz eng zusammen. Martin trieb sein Pferd an. Beim schnellen Ritt würde ihnen beiden warm werden. Doch plötzlich zügelte Martin das Pferd. Da lag doch etwas im Schnee am Straßenrand. War es ein Tier? War es ein Mensch? Vorsichtig ritt Martin näher. Da hörte er ein leises Stöhnen. Als er sich niederbeugte, erblickte er einen Mann. Der wimmerte vor Kälte. Es war ein Bettler, der auch in dieser kalten Nacht kein

Haus gefunden hatte, in dem er sich wärmen konnte. Er trug nur Lumpen auf seinem Körper. Lumpen, durch die der Wind ungehindert ziehen konnte. „Ich friere so!" jammerte er. Martin zögerte nicht. Er griff nach seinem Schwert. Eigentlich braucht ein Soldat ein Schwert, um gegen Feinde zu kämpfen. Martin brauchte sein Schwert für etwas ganz anderes. Er nahm seinen Mantel von seiner Schulter. Er packte das Schwert und schnitt damit seinen eigenen Mantel mittendurch. „Das schenke ich dir!" sagte er und reichte dem Bettler den halben Mantel. „Danke!" sagte der Bettler leise und wickelte sich in den Mantel ein. Martin aber legte die ander Hälfte um sich, trieb sein Pferd an und ritt davon. Als er sein Pferd in den Stall brachte, rieb er es tüchtig mit einem Handtuch ab. Er rieb solange, bis das Pferd warm war. Er geriet richtig ins Schwitzen dabei. Dann erst ging er in sein Zimmer und legte sich schlafen.
Am nächsten Morgen erzählte er seinem besten Freund, was ihm in der Nacht passiert war. „Mitten in der Nacht wurde ich plötzlich wach", berichtete Martin. „Da stand Jesus vor mir. Zuerst fürchtete ich mich. Aber dann kam mir etwas sehr bekannt vor. Jesus trug nämlich den halben Mantel, den ich gestern abend einem Bettler geschenkt habe. Ja, es muß Jesus gewesen sein, der als Bettler im Schnee gelegen hat." Martins Freunde wunderten sich über ihn. Manche lachten ihn sogar aus. Aber Martin mußte immer wieder darüber nachdenken, was er erlebt hatte. Und eines Tages verließ er das Heer des Kaisers. Er wollte kein Soldat mehr sein. Er wollte nur noch ein Diener Gottes sein. Er ließ sich taufen und zog in ein Kloster ein. Er wurde später sogar ein berühmter Bischof. Sein ganzen Leben lang hat er den Armen geholfen.

Besonders auf dem Lande war früher der Martinstag von besonderer Wichtigkeit. An diesem Tag erhielten Knechte und Mägde ihren Lohn, da jetzt die Ernte eingebracht und der Wein gekeltert war. Der Martinstag bedeutete somit den Abschluß eines Wirtschaftsjahres. Gleichzeitig mußten aber auch die Abgaben an Zinsen und Pacht bezahlt werden. Viele Bauern leisteten ihre Abgaben nicht finanziell, sondern bezahlten mit den landwirtschaftlichen Produkten, die sie hatten, z. B. mit einer Kuh, mit einem fetten Schwein oder mit einer Gans.
Weil die Gänse oft vorher geschlachtet wurden, um den Gutsherren einen fetten Gänsebraten zu servieren, erhielten diese Gänse den Namen des Tages des Heiligen Martin, also Martinsgans.
In vielen Gegenden erhielten die Kinder zum Dank für die gute Ernte auch am Martinstag Geschenke, z. B. Martinshörner, Martinsbrezel, Pfefferkuchen, Nüsse und sonstige Süßigkeiten. Der Brauch, am Vorabend herumzuziehen und Laternenlieder zu singen, reicht weit zurück.
Die Geschichte der Martinsgans ist auch in die Legende und in einige Kinderlieder eingegangen.

Die Legende von der Martinsgans

Überall im Land erzählte man von dem Heiligen Martin. Die Geschichte von dem armen Bettler hatte sich weit herumgesprochen. So war Martin ein bekannter Mann. Viele Menschen liebten und verehrten ihn. Ja, sie wollten Martin sogar zum Bischof machen. Aber Martin wollte nicht Bischof werden. Dafür war er viel zu bescheiden. Er hatte auch Angst vor diesem Amt und meinte, er würde nie ein guter Bischof werden. Als die Leute kamen und ihn zum Bischof machen wollten, versteckte er sich in einem Gänsestall. Hier werden sie mich bestimmt nicht suchen, dachte er. Die Gänse im Gänsestall aber schnatterten so laut und waren so aufgeregt, daß Martin schließlich doch entdeckt wurde. So wurde Martin Bischof. Und er wurde ein guter Bischof. Die Gänse aber müssen seitdem dafür büßen, daß sie den Heiligen Martin verraten haben. Sie werden geschlachtet und kommen als Gänsebraten auf den Tisch. So heißt es in dem bekannten Kinderlied „Was haben wir Gänse für Kleider an" in der letzten Strophe:

Was machen wir Gänse am Martinstag? Gigagack!
Man führt uns aus dem Stall heraus
zu einem fetten Martinsschmaus –
Gigagick – und bricht uns das Genick.

© Rolf Krenzer

Spiellied vom Heiligen Martin

Melodie: Hans-Werner Clasen / Text: Rolf Krenzer

2. Ihm ist so kalt. Er friert so sehr.
Wo kriegt er etwas Warmes her?
Er hört kein gutes Wort,
und jeder schickt ihn fort.

3. Der Hunger tut dem Mann so weh,
und müde stapft er durch den Schnee.
Er hört kein gutes Wort,
und jeder schickt ihn fort.

4. Da kommt daher ein Reitersmann,
der hält sogleich sein Pferd hier an.
Er sieht den Mann im Schnee
und fragt: „Was tut dir weh?"

5. Er teilt den Mantel und das Brot
und hilft dem Mann in seiner Not
so gut er helfen kann.
Sankt Martin heißt der Mann.

6. Zum Martinstag steckt jedermann
die leuchtenden Laternen an.
Vergiß den andern nicht!
Drum brennt das kleine Licht.

(Aus H.-W. Clasen/R. Krenzer: Ich schenke dir ein Lied von mir, Edition Kemper im Verlag Ernst Kaufmann, Lahr)

In diesem Lied, das sich in ein ganz einfaches Spiel umsetzen läßt, wobei die Spieler zum Ablauf des Textes agieren, wurde bewußt das Brot mit aufgenommen, da diese Form des Teilens dem Vorschulkind am stärksten erlebnishaft zugänglich wird. Ebenso wurde darauf geachtet, daß eine Überleitung zu den Laternen am Martinstag gefunden wurde.

Spielvorschlag zu einem ganz einfachen Spiel anhand des Spielliedes:
Wir sitzen im Stuhlkreis.
Ein Spieler stellt den Bettler dar und geht von einem Mitspieler zum anderen. Jeweils zwei Mitspieler bilden ein Haus und halten die Hände als Dach. Ein Spieler steht in diesem Haus.
Der Bettler wird überall fortgeschickt mit entsprechender Gebärde. Der Bettler macht durch seine Gestik deutlich, daß er friert und hungrig ist. Im Verlauf des Spiels kommt Martin angeritten. Er bleibt im Kreis bei dem Bettler stehen, teilt seinen Mantel, hängt ihm den Mantel um und gibt ihm von seinem Brot. Das Teilen kann entweder durch das Auftrennen von zwei Umhangstücken mit dem Holzschwert angezeigt werden. Es können auch zwei gleiche Umhänge übereinander angezogen und anschließend geteilt werden. Dann reitet Martin schnell davon, ohne den Dank des Bettlers abzuwarten. Zum Abschluß bilden alle Mitspieler einen Kreis, in den die Zuschauer miteinbezogen werden. Es werden Laternen angezündet, und alle singen ein Laternenlied.
Diese sehr einfache Spielform kann im Kindergarten erfahrungsgemäß bereits mit den Jüngsten immer wieder gespielt werden, wobei jeder einmal Martin, Bettler oder die verschiedenen Leute in ihrem Haus darstellen darf.

Martin und der Bettler

Inhalt

Der Bettler geht im Winter von Haus zu Haus, doch niemand hilft ihm oder nimmt ihn bei sich auf. Als er nicht mehr weiterkann und frierend in den Schnee fällt, kommt Martin dahergeritten, teilt mit ihm seinen Mantel und gibt ihm zu essen.

Mitspieler

Bettler, Martin, Pferd des Martin, Leute, die den Bettler davonschicken, Kinder. Es können auch Spieler als Bäume und Häuser eingesetzt werden.

Spieldauer

bis 10 Minuten

Mögliche Spielform

Spiel im Kreis
Spiel im Halbkreis
Spiel auf der Bühne

Puppenspiel
Schattenspiel
Menschenschattenspiel

Bühnenbild

Große Winterlandschaft als Gemeinschaftsarbeit an der Rückwand. Die einzelnen Häuser können aus Tischen gebaut werden. Es können auch große Pappehäuser gebaut und angemalt werden. Ebenfalls können mehrere Spieler ein Haus bilden. Umgedrehte Tische können ebenso Häuser darstellen.

Requisiten und Kostüme

Es kann ganz ohne Requisiten gespielt werden. Dann wird das Teilen des Mantels auch pantomimisch dargestellt.
Wer einige Kostüme mit den Kindern erproben will, kann dem Martin einen einfachen Umhang geben, der leicht zu teilen ist. Der Bettler kann dünne und ärmliche Kleidung tragen. Die Leute, die den Bettler von ihren Türen weisen, können als unterschiedliche Berufe gekennzeichnet sein (Bäcker, Metzger, Kaufmann, Förster usw.).
Das Pferd kann von einem Spieler (auch zwei Spieler möglich) dargestellt werden, dem eine braune Decke übergelegt wird. Wenn zwei Spieler das Pferd darstellen, bildet der erste Spieler das Vorderteil, der zweite sich bükkend und an dem ersten Spieler anklammernd das Hinterteil. Eventuell können Pappohren an einem Stirnband befestigt werden.
Martin hat ein Holz- oder Plastikschwert. In seiner Tasche trägt er ein eingewickeltes Butterbrot, das er im Verlauf des Spiels dem Bettler schenkt.

Praktische Vorbereitungen

Das Hintergrundbild einer Winterlandschaft kann auf Tapetenrollen mit Fingerfarben oder sonstigen Farben gezeichnet werden. Auch Bettücher können aufgehängt werden und so eine Winterlandschaft darstellen. Ebenfalls läßt sich blauer Plakatkarton mit Watte bekleben, so daß der Eindruck von Schneeflocken entsteht.
Zum Erzählen der Legende können die einzelnen Szenen spontan angespielt werden. Der Text stellt nur einen Vorschlag dar, der beliebig erweitert oder gekürzt werden kann.

Noten und Spieltext

Das Lied stellt die Verbindung zu den einzelnen Szenen her. Es kann von einem kleinen Chor oder von allen Mitspielern gesungen werden. Mir dem Orff-Instrumentarium läßt sich eine einfache Begleitung gemeinsam mit den Kindern erarbeiten.

Melodie und Text:
Rolf Krenzer

Auf der Bühne sind verschiedene Häuser aufgebaut, in denen Menschen wohnen. Sie stellen eine Straße dar. Es ist kalt. Man hört den Wind heulen.

Zwei Kinder kommen mit ihren Schlitten.

Erstes Kind: Meine Finger tun so weh! Es ist viel zu kalt zum Schlittenfahren!

Zweites Kind: Ich habe ganz kalte Füße.

Erstes Kind: Gut, daß wir wieder zu Hause sind!

Zweites Kind: Hoffentlich hat meine Mutter etwas Warmes zum Essen für mich. Eine Suppe oder heiße Waffel.

Erstes Kind: Oder heißen Tee oder heißen Zitronensaft.

Zweites Kind: Oh, ich friere! Ich gehe schnell nach Hause!

Erstes Kind: Mach's gut! Bis morgen! Kommst du wieder mit deinem Schlitten?

Zweites Kind: Wenn es nicht wieder so kalt ist.

Erstes Kind: Es wird aber auch bald dunkel. Und abends ist es immer kälter als am Tag.

Zweites Kind: Mach's gut! Bis morgen!

Die Kinder verabschieden sich und gehen auf zwei Häuser zu. Ihnen wird geöffnet und sie werden von den Spielern in den Häusern herzlich empfangen. Man hört wieder deutlich den Wind heulen.
Durch die Straße kommt ein Mann. Er ist sehr dünn angezogen, trägt nur Lumpen auf dem Körper und stützt sich auf einen Stock. Er geht sehr langsam und mühsam. Er geht auf das erste Haus in der Straße zu und klopft an.

Bettler: Hallo! Hallo! Macht mir doch auf!

Er wartet und klopft dann erneut.

Hallo! Hallo!

Ein Spieler kommt aus dem Haus heraus.

Spieler: Was willst du?

Bettler: Ich habe Hunger! Mich friert so!

Spieler: Tut mir leid! Wir haben gerade den Tisch abgeräumt.

Bettler: Dann laß mich doch zu euch herein, damit ich mich aufwärmen kann.

Spieler: Das fehlte gerade noch! Du schleppst uns noch die Läuse ins Haus! Und überhaupt, wir haben keinen Platz!

Bettler: Hilf mir doch!
Spieler: Tut mir leid! Es geht nicht!

Er geht in sein Haus zurück und schlägt die Tür hinter sich zu.

Alle singen:
Kommt und seht, kommt und seht,
wie's dem armen Mann ergeht.
Schaut's euch an, schaut's euch an!
Sagt, wer hilft dem armen Mann?

Der Bettler geht mühsam weiter zum nächsten Haus und klopft an.

Bettler: Hallo! Hallo! Macht mir doch auf!

Er wartet wieder und klopft dann erneut.

Hallo! Hallo!

Er wartet.

Stimme von innen: Wer ist da?
Bettler: Ich habe Hunger. Ich friere. Laßt mich doch zu euch herein!
Stimme von innen: Bist du ein Bettler?
Bettler: Ja, ein Bettler!
Stimme von innen: Geh weiter. Wir haben nichts für dich!
Alle singen:
Kommt und seht, kommt und seht,
wie's dem armen Mann ergeht.
Schaut's euch an, schaut's euch an!
Niemand hilft dem armen Mann.

Der Bettler geht mühsam weiter zum nächsten Haus. Er reibt sich die Hände, schlägt die Arme um seinen Oberkörper, weil er so friert. Dann klopft er an.

Bettler: Hallo! Hallo!

Er wartet und klopft erneut.

Hallo! Hallo! Helft mir doch! Ich friere so! Ich habe solchen Hunger!

Er wartet wieder. Im Haus rührt sich nichts. Er klopft erneut.

Hallo! Hallo! Es ist draußen so kalt! Laßt mich doch zu euch hinein.

Er wartet. Dann klopft er noch einmal. Im Haus bleibt alles still. Da resigniert er und geht langsam weiter zum nächsten Haus.

Alle singen:
Kommt und seht, kommt und seht,
wie's dem armen Mann ergeht.
Schaut's euch an, schaut's euch an!
Niemand hilft dem armen Mann.

Der Bettler geht zum nächsten Haus und klopft an.

Bettler: Hallo! Hallo!

Die Tür wird geöffnet. Ein Spieler kommt heraus.

Spieler: Fort mit dir! Geh weiter! Wir geben nichts! Wir haben selbst nicht genug!

Der Spieler geht ins Haus zurück und schlägt die Tür hinter sich zu. Traurig wendet sich der Bettler ab. Er geht mühsam nach vorn zur Mitte der Bühne. Dort läßt er sich nieder, reibt sich die Hände und zeigt deutlich, daß er friert. Ein Spieler kommt dick vermummt herbei. Der Bettler streckt ihm die Hände entgegen.

Spieler: Tut mit leid! Ich habe keine Zeit!
Bettler: Ich friere so!
Spieler: Ich habe kein Geld bei mir!

Der Spieler geht weiter, ohne sich noch einmal umzusehen.

Alle singen: Kommt und seht, kommt und seht,
wie's dem armen Mann ergeht.
Schaut's euch an, schaut's euch an!
Niemand hilft dem armen Mann.

Vater, Mutter und Kind kommen vorbei. Sie sind warm angezogen. Vater und Mutter wollen an dem Bettler vorbei, doch das Kind bleibt stehen.

Kind: Warum gehst du nicht nach Hause?

Der Bettler ist in sich zusammengesunken.

Es ist doch viel zu kalt! Komm, steh auf! Du erfrierst sonst noch!

Der Vater geht zurück, packt das Kind am Arm und zieht es hinter sich her. Der Wind pfeift. Der Bettler hockt zusammengesunken auf der Erde und streckt hilflos seine Hände aus.

Alle singen: Kommt und seht, kommt und seht,
wie's dem armen Mann ergeht.
Schaut's euch an, schaut's euch an!
Sagt, wer hilft dem armen Mann?

Martin kommt auf seinem Pferd angeritten. Als er den Bettler sieht, hält er sein Pferd an.

Martin: Brr! Hallo, wer bist du?

Der Bettler rührt sich nicht.

Warum gehst du nicht nach Hause?

Der Bettler gibt keine Antwort.

Es ist doch viel zu kalt! Komm steh auf!

Martin steigt vom Pferd herunter, geht auf den Bettler zu und versucht, ihn vom Boden hochzuziehen.

Du bist ja halb erfroren.

Er betrachtet sich die Kleidung des Bettlers.

Da sind ja nur Lumpen.

Er greift in seine Manteltasche und holt ein Butterbrot heraus

Da iß!

Bettler: Danke!

Der Bettler packt das Brot aus und beißt hinein.

Martin: Wo wohnst du?
Bettler: Ich habe kein Haus.
Martin: Du zitterst ja vor Kälte. Warte!

Er zieht sein Schwert heraus, teilt den Mantel in zwei Teile und hängt ein Mantelstück dem Bettler um die Schulter.

Na, geht es so besser?

Der Bettler wickelt sich in den warmen Mantel ein. Martin hängt das andere Mantelstück um sich. Dann winkt er dem Bettler zu, steigt auf sein Pferd und reitet davon. Der Bettler schaut hinter ihm her, hebt die Hand, winkt ihm nach.

Bettler: Martin, das wird Gott dir nie vergessen.

Während der Bettler langsam davongeht, singen alle:

Kommt und seht, kommt und seht,
wie's dem armen Mann ergeht.
Schaut's euch an, schaut's euch an:
Einer hilft dem armen Mann.
Schaut's euch an, schaut's euch an:
Martin hilft dem armen Mann!

Martinsspiel als Pantomime

Mitspieler

Martin, der Bettler, Bäume, Wind (von mehreren Spielern dargestellt), spielende Kinder.
Die Spielform der Pantomime wird gewählt, um einen größeren Spielkreis und auch verschiedene Behinderungsarten einzubeziehen und ihnen gerecht zu werden.
Die Anzahl der Bäume ist nahezu unbegrenzt. Der Spieler muß die Situation (ich bin ein Baum) erfassen und in seiner eigenen Ausdrucksmöglichkeit darstellen.
Der Wind wird von allen dargestellt, die gerade nicht an der Spielszene beteiligt sind.
Spielende Kinder können auch von unterschiedlich behinderten Kindern dargestellt werden (z. B. Rollstuhlfahrer). Sie sollen darstellen, daß sie frieren,

Schneebälle werfen, rutschen usw.
Der Bettler sollte auf eine ihm mögliche Art mit dem Heiligen Martin in Kontakt treten, z. B. durch Blickkontakt, Gesten, Körperbewegungen usw. Martin selbst muß sich fortbewegen können, mit den Armen aktiv sein können. Er muß auch in der Lage sein, das Spiel über den gesamten Spielverlauf konzentriert durchhalten zu können.
Nach Möglichkeit kann ein Erzähler im Hintergrund stehen. Kostüme werden nicht benötigt.
Das Spiel selbst wird in einem Halbkreis gespielt, eventuell Halbkreis aus Stühlen, auf denen die Spieler zu Beginn sitzen.

Spielverlauf

Die Bäume verteilen sich im Raum. Windgeräusche setzen ein und sind während der gesamten Szene zu hören. Bettler setzt sich und zeigt an, daß er friert. Spielende Kinder direkt vor dem Publikum.
Der Bettler schlägt die Arme frierend um sich und setzt sich langsam vor einem Baum nieder. Gleichzeitig verdeutlichen die spielenden Kinder die Wintersituation. Sie machen eine Schneeballschlacht, reiben sich die Hände. Danach setzen sie sich und erzeugen mit den anderen Spielern zusammen den Wind.
Nun reitet Martin durch den Schnee (reiten andeuten oder Martin auf einem Spieler, der das Pferd darstellt). Der Bettler, an dem er vorüberreitet, fleht um Hilfe auf eine ihm mögliche Ausdrucksweise (Hände heben, anschauen, schaukeln usw.). Martin hält an und teilt den Mantel mit seinem Schwert. Dann wirft er dem Bettler die eine Hälfte zu. Der Bettler hängt sich den Mantel um und macht deutlich, daß er sich freut (Martin kann ihm auch den Mantel umhängen). (Entstanden 1980 im Rahmen einer Fortbildungstagung, unter Leitung von Rolf Krenzer, des Caritasverbandes für die Diözese Münster).

Martinslieder und Laternenlieder

Lichtlein, Lichtlein, brenne

Lichtlein, Lichtlein, brenne
Heller als der Tag,
Weil die liebe Sonne
Nicht mehr scheinen mag.
Hinter dunklen Wolken
Will sie schlafen gehn,
Doch sie soll uns Kinder
Mit dem Lichtlein sehn.
Seht unsere Laterne,
Sie leuchtet nah und ferne,
Sie strahlt mit hellem Schein
Weit in die Welt hinein. Volksgut

Durch die Stadt Text: Rolf Krenzer / Melodie: Hans-Werner Clasen

Dieses Lied stellt eine Einstimmung auf den Laternenumzug dar. Es können alle bekannten Laternenlieder daran angehängt werden.

(Aus H. W. Clasen/R. Krenzer:
Ich schenke dir ein Lied von mir, Edition Kemper im Verlag Ernst Kaufmann, Lahr)

Ich geh mit meiner Laterne Mündlich überliefert

Laterne, Laterne Aus Norddeutschland

Eine Laterne leuchtet von ferne Melodie: Inge Lotz / Text: Rolf Krenzer

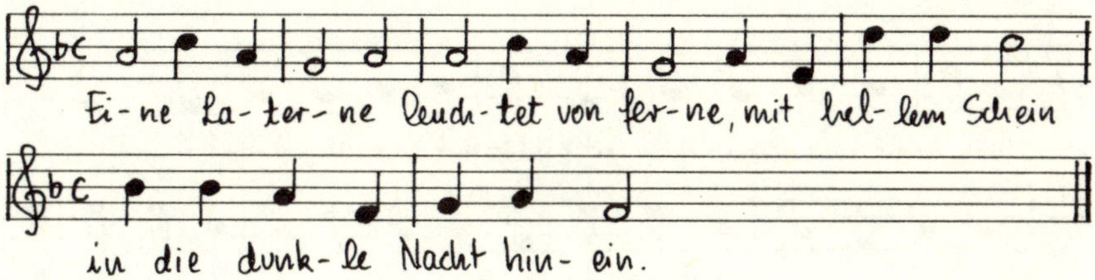

Eine Laterne
Leuchtet von ferne
Sie geht jetzt aus.
Alle Leute gehn nach Haus

Meine Laterne
Leuchtet so gerne.
Und morgen dann
Zünden wir sie wieder an.

(Aus R. Krenzer [Hrsg.]: 100 einfache Lieder Religion, Ernst Kaufmann, Lahr – Kösel, München.)

Ich baue mir eine Laterne Melodie: Wolfgang Schult / Text: Rolf Krenzer

Sag, hast du auch eine Laterne?
Komm mit in die Nacht hinaus.
Sie leuchtet so weit in die Ferne.
Laternenlicht, lösche nicht aus!

So geh ich mit meiner Laterne
und sing das Laternenlied.
Und alle, die folgen mir gerne.
So singen wir alle laut mit.

(Aus I. Lotz/R. Krenzer: Wir sind die Musikanten, Kaufmann, Lahr – Kösel, München)

Laternenlied zum Laternenumzug, auch als Kreisspiel. Einer geht mit einer Laterne im Kreis herum. Nach und nach schließen sich die anderen an.

Laternenlied Melodie: Hans-Werner Clasen / Text: Rolf Krenzer

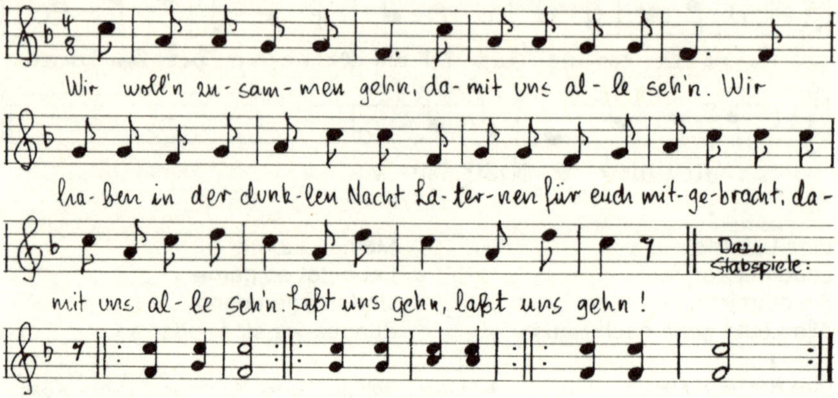

Wir wolln zusammen gehn,
damit uns alle sehn.
Ihr Leute kommt, ihr Leute schaut:
Wir haben sie uns selbst gebaut,
damit uns alle sehn.
Laßt uns gehn!

Wir wolln zusammen gehn,
damit uns alle sehn.
Ihr Leute, kommt und zieht doch mit,
singt mit uns das Laternenlied,
damit uns alle sehn.
Laßt uns gehn!

Wir wolln zusammen gehn,
damit uns alle sehn.
Oh, seht, wie die Laterne strahlt!
Wir haben sie selbst bunt bemalt,
damit uns alle sehn.
Laßt uns gehn!

(Aus R. Krenzer/H.-W. Clasen:
Ich schenke dir ein Lied von mir, Edition Kemper im Verlag Ernst Kaufmann, Lahr)

Meine Laterne Melodie: Hans-Werner Clasen / Text: Rolf Krenzer

Meine Laterne, meine Laterne
hab' ich mit hinausgebracht.
Meine Laterne, meine Laterne
leuchtet in die dunkle Nacht.

Meine Laterne, meine Laterne
leuchtet hell mit ihrem Schein.
Meine Laterne, meine Laterne
leuchtet auch zu dir hinein.

(Aus R. Krenzer/H.-W. Clasen:
Ich schenke dir ein Lied von mir, Edition Kemper im Verlag Ernst Kaufmann, Lahr)

Martin ist ein frommer Mann Aus Thüringen

Martin, Martin, Martin ist ein lieber Mann.
Stimmet ihm die Lieder an,
daß er's droben hören kann,
der viel Gutes hat getan!

Laternenumzug mit dem Heiligen Martin Aus Holstein

2. Ich geh … |: Der Martinsmann, der zieht voran. Rabammel … :|
3. Ich geh … |: Wie schön das klingt, wenn jeder singt! Rabammel … :|
4. Ich geh … |: Ein Kuchenduft liegt in der Luft. Rabammel … :|
5. Ich geh … |: Beschenkt uns heut, ihr lieben Leut! Rabammel … :|
6. Ich geh … |: Mein Licht ist aus, ich geh nach Haus. Rabammel … :|

Sankt Martin Volksgut

2. Im Schnee saß, im Schnee saß,
im Schnee, da saß ein armer Mann
hatt' Kleider nicht, hatt' Lumpen an.
O helft mir doch in meiner Not,
sonst ist der bittre Frost mein Tod.

3. Sankt Martin, Sankt Martin,
Sankt Martin zieht die Zügel an;
das Roß steht still beim armen Mann.
Sankt Martin mit dem Schwerte teilt
den warmen Mantel unverweilt.

4. Sankt Martin, Sankt Martin,
Sankt Martin gibt den halben still,
der Bettler rasch ihm danken will.
Sankt Martin aber ritt in Eil
hinweg mit seinem Mantelteil.

Laternenlieder auf Schallplatten

Christophorus-Verlag, Freiburg: Laternenlieder
Kaufmann, Lahr – Kösel, München: Einfache Lieder Religion (Eine Laterne leuchtet – Ich baue mir eine Laterne)
Peter-Janssens-Musikverlag, Telgte, Am Jägerhaus: Kommt alle und seid froh (Ein armer Mann).

Laternenbasteln

Bunte Laternen lassen sich verschiedenartig herstellen. Je nach Schwierigkeitsgrad muß der Erzieher beim Basteln Hilfestellung leisten. Bei jüngeren Kindern sollte er diesen die Gestaltung der bunten Fenster überlassen. Dabei gibt es verschiedene Möglichkeiten:

Transparentpapier bunt bekritzeln oder bemalen
verschiedenfarbiges Seidenpapier übereinanderkleben
einfache Muster schneiden und aufkleben
Muster in den dunklen Karton schneiden, dahinter buntes Seidenpapier kleben

Ausgestochene Bilder

1. Wir suchen ein recht deutliches Symbol mit einfachen Umrissen (z. B. eine Kerze, einen Apfel, eine Kugel, einen Stern) aus und legen es auf eine sehr weiche Unterlage.
2. Mit einer Stopfnadel stechen wir den Umriß aus.
3. Wenn die Einstiche ganz dicht nebeneinander sind, läßt sich das Bild nach und nach sehr leicht herauslösen.
4. Das ausgestochene Bild kleben wir auf Pergament- oder Transparentpapier.

Man kann auch eine einfache Form wiederholt auf Glanzpapier, Buntpapier oder Seidenpapier zeichnen und anschließend ausstechen. Durch Verschieben und Übereinanderschieben der Formen beim Aufkleben auf eine weiße oder andersfarbige Transparentunterlage entstehen reizvolle Bilder für die Laterne.
Mit einer Schere können auch einfache Motive ausgeschnitten und nebeneinander oder verschoben übereinander aufgeklebt werden.
Es lassen sich auch mit einer dicken Nadel Motive aus schwarzem Papier (Heftumschlag) ausstechen. Dabei werden die Stiche so weit voneinandergesetzt, daß sich das Motiv nicht herauslöst, sondern lediglich als Umriß deutlich wird. Anschließend kann noch weißes oder gelbes Transparentpapier dahinter geklebt werden.

Eine Laterne für den Laternenumzug

Wir brauchen:

Karton (Plakatkarton DIN A2), farbiges Transparentpapier, Heftmaschine, Alleskleber, Kleister, Kerze.

Wir basteln:

1. Wir schneiden (Breitseite des Plakatkarton DIN A2) sechs ca. 2 cm breite Streifen ab. Jeder Streifen hat eine Länge von ca. 50 cm.
2. Ein Streifen ist der Rand unserer Laterne. Wir heften die beiden Enden dieses Streifens zusammen, so daß ein Umfang von ca. 40 cm entsteht (Verkürzen des Streifens oder Übereinanderschieben).
3. Nun heften wir einen Streifen an diesem Rand fest und befestigen ihn auch an der gegenüberliegenden Seite des Randes.
4. Drei weitere Streifen werden ebenfalls in gleicher Weise angebracht.
5. Alle Streifen treffen sich in der Mitte. Sie werden mit der Heftmaschine dort, wo sie sich treffen, zusammengefaßt. Dieser Punkt stellt den Mittelpunkt unserer Laterne dar.
6. Wir bekleben das nun entstandene Gerüst rundherum mit farbigem Transparentpapier.
7. Der sechste Streifen wird als Henkel angeheftet, durch den später auch ein Stock geführt werden kann.
8. Der Erzieher hilft, wenn die Kerze auf dem Mittelpunkt mit ihrem eigenen flüssigen Wachs befestigt wird.

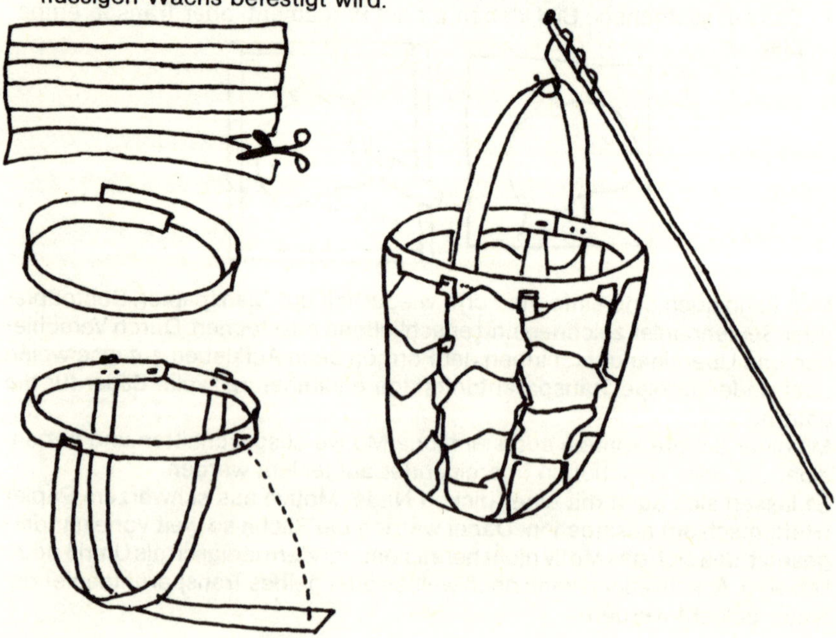

Martinsfeier mit den Eltern

Ob wir zum Vorabend oder zum Martinstag selbst die Eltern einladen, ist nicht wichtig. Wir haben jedenfalls erfahren dürfen, daß die Eltern gern eine solche Einladung annahmen und zahlreich erschienen, weil bereits eine solche kleine Feier eine Einstimmung in die ruhige Zeit des Jahres darstellt und gemeinsame schöne Stunden schenkt.

Vorbereitung

Der Verlag Ernst Kaufmann, Lahr bietet ein kleines Leporello zum Thema „Laternenfest" an. Es zeigt in einem Farbbild einen langen Laternenzug. Auf die Rückseite dieses Leporellos kann die Einladung geschrieben werden.
Aber auch Laternenbilder können gezeichnet, bunt ausgemalt und aufgeklebt werden. Je mehr das einzelne Kind selbst an einer solchen Einladung beteiligt ist, um so stärker fühlen sich die Eltern angesprochen. Für die eigentliche Feier kann zunächst ein Martinsspiel probiert werden, wobei sich ein Spiellied für jüngere Kinder deshalb besonders eignet, weil die Eltern dabei mitsingen können.
Es empfiehlt sich auch, die Lieder, die gesungen werden sollen, den Eltern selbst in die Hand zu geben. Wir haben noch einen anderen Weg eingeschlagen, der sich als sehr gut erwiesen hat: Wir haben in der Gruppe alle Laternenlieder gemeinsam auf Toncassette gesungen. Die Eltern schickten uns leere Cassetten mit, und wir überspielten sie. Das hatte zur Folge, daß die Kinder „ihr" Tonband zu Hause immer wieder laufen ließen, mitsangen und die Eltern zum Zuhören und Mitsingen aufforderten. So waren fast alle Eltern bestens vorbereitet, als sie dann zum Martinsabend zu uns kamen.
Auch das gemeinsame Backen von Martinshörnern und Martinsbrezeln kann viel Freude bereiten. Das fertige Gebäck wird dann mit Plätzchen, Äpfeln und Nüssen zum Elternabend auf den Tisch gestellt und angeboten. Außerdem kann der Gruppenraum mit bunten Laternen und Laternenbildern geschmückt werden.
Eine reizvolle Sache ist auch das Basteln sogenannter „Runkelrüben-Köpfe". Dazu werden Futterrüben benötigt. Sie werden ausgehöhlt und auf einen Stock gesteckt. In den Kopf hinein kommt eine Kerze. Damit es richtig lustig aussieht, werden Augen, Nase und Mund in die Köpfe geschnitten.

Programm eines Elternabends

Man sollte nicht zu einer späten Uhrzeit einladen. Wichtig ist, daß es dämmrig ist, so daß wir später im Dunkeln mit den Laternen herumziehen können.
Ob der Heilige Martin den Laternenzug anführt oder ob nur die Laternen zu sehen sind, liegt an der jeweiligen Situation.

Programmvorschläge:
Wir singen gemeinsam Laternenlieder und zeigen die Laternen, die wir gebastelt haben.

Wir stecken alle Laternen an und setzen uns im Kreis zusammen.
Wir zünden eine Laterne an und hören zu, wenn eine Geschichte erzählt wird.
Wir spielen ein Spiel zum Martinstag.
Wir essen selbstgebackene Martinsbrezeln, Plätzchen usw.
Wir tragen Martinsgedichte vor.
Wir tanzen einen Laternentanz.
Die Eltern erzählen den Kindern, wie sie früher den Martinstag gefeiert haben.
Den Abschluß des Abends bildet ein gemeinsamer Laternenumzug. Wenn die Eltern dabei sind, wird der Zug erheblich länger, der Gesang kräftiger, und in jedem Fall ist für eine viel bessere Aufsicht gesorgt. Denn gerade im Dunkeln sollte man mit Kinderumzügen besonders vorsichtig sein.

Das Märchen von der Laternenkerze

Die Mutter hatte zwei Packungen Weihnachtskerzen gekauft, und alle Kerzen durften in der Weihnachtszeit am Weihnachtsbaum brennen. Die Kinder sangen, und die Kerzen schmolzen vor lauter Freude dahin.
Als nach Weihnachten die Mutter die leeren Schachteln wegwerfen wollte, lag armselig und allein in einer Schachtel noch eine einzige Kerze. Die Mutter wurde richtig traurig, als sie sie dort erblickte. Sie nahm sie behutsam aus der Schachtel und legte sie in eine Schublade. „Was machst du da?" fragte Traudel, die alles beobachtet hatte. „Sie ist von Weihnachten übrig geblieben. Ich habe sie einfach übersehen," meinte die Mutter. „Die arme Kerze!" sagte Traudel. „Jetzt hat sie nicht am Weihnachtsbaum brennen dürfen!" Die Mutter lächelte. „Wir heben sie auf!" meinte sie. „Paß auf, einmal darf sie doch brennen. Und wenn sie brennt, ist es fast so schön wie Weihnachten!" So sehr Traudel auch bettelte, mehr verriet ihr die Mutter nicht. „Warte nur ab!" sagte sie. „Ich erinnere dich ganz bestimmt daran!"
Das Jahr ging ins Land. Zuerst fragte Traudel noch manchmal nach der Kerze. Als es aber dann immer wärmer wurde, hatte sie auch die Kerze vergessen. Aber als der Martinstag heranrückte und im Kindergarten die schönsten Laternen gebastelt wurden, da brauchte Traudel auch eine Kerze für ihre Laterne. Die Mutter ging zur Schublade und suchte ein wenig darin herum. Als sie dann die Kerze hervorkramte und sie Traudel zeigte, erinnerte sie sich sogleich daran. „Ist das die Kerze vom letzten Weihnachten?" fragte Traudel ganz aufgeregt. Die Mutter lächelte. „Du weißt es also noch!" sagte sie. Traudel packte die Kerze vorsichtig ein. „Morgen abend wollen wir die Kerzen zum Laternenfest anzünden!" rief sie. „Wenn dann meine Laterne ganz hell leuchtet, wissen wir beide, daß es die vergessene Weihnachtskerze ist!"
Und wirklich! Am Martinstag brannte die Kerze in Traudels Laterne, als sie mit ihrer Mutter und vielen anderen Kindern und Eltern durch die Straße zog. Vorn vor dem Zug ritt der Heilige Martin auf seinem Pferd. Die Kinder und die Erwachsenen sangen Laternenlieder. Traudel hielt ihre Laterne ganz hoch. Die Kerze leuchtete hell. Und wirklich! Es war fast so schön wie Weihnachten.

Adventszeit

Die Vorbereitungszeit auf Weihnachten gehört wohl zu der Zeit, die von Kindern am erlebnisreichsten und tiefsten erfahren wird. Im Mittelpunkt dieser Tage stehen der Adventskranz mit seinen Kerzen, kleine Werk- und Bastelvorhaben, gemeinsames Singen und Spielen, Erzählen und Zuhören, Backen und Verpacken. All das macht das Geheimnisvolle dieser Zeit aus. Einen wesentlichen Anteil daran hat auch der Adventskalender, der das ungeduldige Kind von einem Tag zum anderen näher an Weihnachten heran bringt.

Adventskalender

Sternen-Adventskalender

Wir haben aus einer großen Sperrholzplatte 24 Sterne herausgesägt. Anschließend wurde die Platte vor ein Fenster gestellt. Danach wurde die Platte mit blauer Farbe angestrichen. Die ausgesägten Sterne wurden mit gelber Farbe bemalt. Als alles gut getrocknet war, wurden die Sterne vorsichtig wieder eingesetzt. Nun wurde zu jedem Tag eine Geschichte erzählt, die irgend etwas mit der Weihnachtsgeschichte und mit Sternen zu tun hatte. Dazu malten die Kinder bunte Bilder. Dann wurde der Stern herausgenommen. Hinter den Ausschnitt wurde ein Bild zu der Geschichte geklebt, die wir an diesem Tag gehört hatten. Nach und nach kamen immer weitere neue Geschichtenbilder dazu.
Man kann auch ein großes Stück Pappe (Maße etwa so groß wie eine Tür) verwenden.
Der Verlag Ernst Kaufmann, Lahr bietet die Geschichten in seinem „Sternenadventskalender" an. Der Kalender hat zusätzlich ein großes Poster, auf das jeden Tag ein anderer bunter Stern aufgeklebt werden kann. Die Sterne können nach ihren Umrissen oder in einfacher Form (das empfiehlt sich besonders für jüngere Kinder) einfach rundherum auf ihrem blauen Untergrund ausgeschnitten werden, der mit dem Untergrund des Posters, auf das die Sterne dann aufgeklebt werden, identisch ist.

Zwei Geschichten aus dem Sternen-Adventskalender:

Eine mühevolle Reise

Vor fast zweitausend Jahren befahl ein mächtiger Kaiser, daß alle Leute dorthin reisen mußten, wo sie geboren waren. Damals war eine solche Reise mühevoll und manchmal auch gefährlich. Man konnte sich nicht einfach in den Zug oder in den Omnibus setzen. Es gab auch keine Flugzeuge. Und an Autos dachte man damals noch nicht. Wer reich war, konnte mit der Kutsche fahren oder auf einem Pferd oder Kamel reiten. Aber die Armen mußten zu Fuß gehen. Da waren Josef und seine Frau Maria. Sie wohnten in Nazareth, und Josef war ein Zimmermann. Josef war einst in dem Städtchen Bethlehem geboren. Dorthin mußte er jetzt zusammen mit Maria reisen. Ohne Pferd und ohne Wagen. Sie nahmen nur das Nötigste mit. Nur das, was sie tragen konnten. Niemand dachte daran, dem Befehl des mächtigen Kaisers nicht zu folgen. Maria war schwanger. Sie würde bald ein Kind bekommen. Da war eine solche Reise besonders mühevoll. Doch Josef und Maria gehorchten dem Befehl des Kaisers. Sie machten sich auf den Weg von Nazareth nach Bethlehem. Vor fast zweitausend Jahren wanderten zwei Menschen durch das Land. Josef stützte seine Frau, wenn ihr der Weg zu beschwerlich wurde. Vor fast zweitausend Jahren ritten drei Männer durch die Nacht. Sie folgten dem hellen Stern, der ihnen den Weg zeigte.

Rolf Krenzer

Bunte Sterne

So lange dauert es noch bis Weihnachten. Das Warten fällt Armin so schwer. Immer wieder fragt er seine Mutter: „Was soll ich nur tun?" Da bringt ihm die Mutter Buntpapier und eine Schere. „Schneide bunte Weihnachtssterne aus. Mit den Sternen kannst du unsere Wohnung schmücken. Dann denken wir immer daran, daß bald Weihnachten ist."
Zuerst hat Armin nur wenig Lust. Aber dann packt ihn der Arbeitseifer. Er zeichnet sich einen großen Stern vor und schneidet ihn dann sorgfältig aus. Noch ein Stern und noch ein Stern. Er bemerkt gar nicht, wie schnell dabei die Zeit vergeht. Als die Mutter nach zwei Stunden wieder in Armins Zimmer hineinschaut, ist der Tisch voller bunter Sterne. Sogar auf dem Fußboden liegen noch Sterne. „Du hast wunderschöne Sterne ausgeschnitten!" sagt die Mutter. „Ein Stern ist schöner als der andere!" „Und was machen wir jetzt damit?" fragt Armin. „Wir hängen sie auf. Wir kleben sie mit Tesafilm an die Fensterscheiben. Paß nur auf, wie schön das wird!"
Armin und seine Mutter arbeiten so angespannt, daß keiner von ihnen bemerkt, daß es draußen dunkel wird. Sie sind ja so beschäftigt. Alle Fenster werden mit bunten Sternen geschmückt. Die Fenster im Wohnzimmer, in Armins Zimmer, im Schlafzimmer der Eltern, in der Küche. Sogar das kleine Fenster im Bad erhält einen bunten Stern.
„Wir haben ja ein richtiges Weihnachtshaus!" sagt der Vater, als er heimkommt. Da hält es Armin nicht länger in der Wohnung. Er zieht seine dicken Wintersachen an und geht mit seinen Eltern hinaus. Sie machen gemeinsam einen Spaziergang rund um den Häuserblock. Von allen Seiten kann man ihre Wohnung deutlich erkennen. In allen Zimmern hat die Mutter ausnahmsweise das Licht brennen lassen. Und von jedem Fenster grüßt ein bunter Weihnachtsstern hinunter. „Richtig gemütlich sieht das aus!" sagt die Mutter. Und Armin sagt: „Da sieht jeder gleich, wie sehr wir uns auf Weihnachten freuen!"

Rolf Krenzer

Adventsuhr

Die Adventsuhr kann beliebig vergrößert und vervielfältigt werden, so daß jedes Kind sich damit beschäftigen kann.
Wir schneiden die Adventsuhr aus und ziehen sie auf Pappe auf. Alle kleinen Bilder werden mit Farbstiften ausgemalt. Ein Zeiger läßt sich an der markierten Stelle mit einer Briefverschlußklammer befestigen. Jeden Tag wird der Zeiger um ein Bild weitergerückt.

(Zeichnung Dagmar Domina, aus Arbeitsheft: Weihnachten, Hirschgraben-Verlag, Frankfurt am Main.)

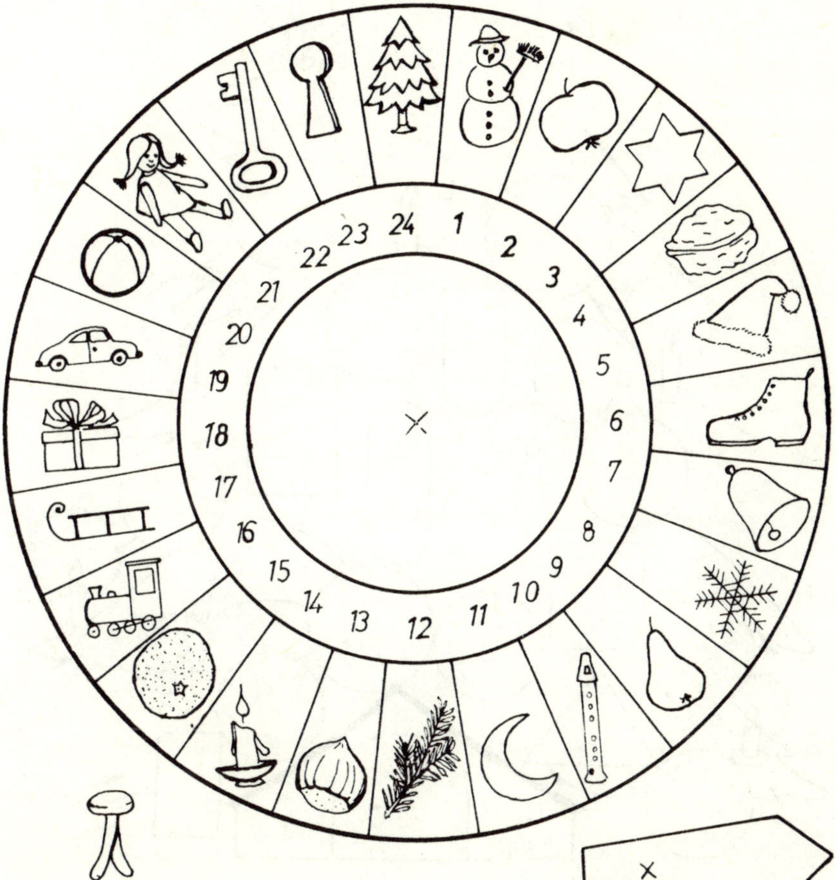

Adventskalender zum Ausmalen, Ausschneiden und Aufkleben

Der Kalender kann vergrößert, vervielfältigt werden, so daß jedes Kind täglich sich mit „seinem" Kalender beschäftigen kann.

Zeichnung: Roman Friedrich

Es dauert lang, bis endlich Weihnachten ist. Hier ist ein Adventskalender zum Selbermachen. Eigentlich ist es ein Adventsbaum. Ihr müßt zuerst den Tannenbaum anmalen.
An jedem Tag dürft Ihr eine Kugel oder sonst etwas, was an dem Weihnachtsbaum hängen soll, ausmalen, ausschneiden und aufkleben.
Wer sehr geschickt ist, kann die einzelnen Sachen richtig ausschneiden. Man kann aber auch die viereckigen Kästchen ausschneiden und aufkleben. Wenn alle Sachen am Weihnachtsbaum hängen ist endlich der Heilige Abend da.

Adventskalender aus Streichholzschachteln

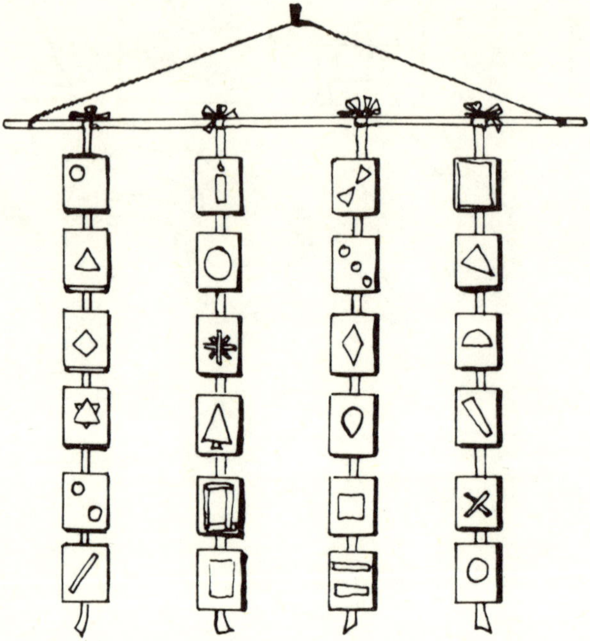

Wir brauchen:
24 leere Streichholzschachteln, Buntpapier oder Aufklebeblättchen, Stock, vier ca. 2 cm breite bunte Bänder, Bindfaden, 24 kleine Überraschungen (Bonbons, winziges Spielzeug, Anhänger usw.).

Wir basteln:
1. Die Streichholzschachteln werden rundherum mit Buntpapier beklebt, ebenfalls die kleinen Schubladen in den Schachteln. Wenn das zu viele Schwierigkeiten bereitet, genügt es, auf jede Schachtel ein farbiges Stückchen Buntpapier oder ein Aufklebeblättchen zu kleben.
2. Wer die Schachtel rundherum beklebt hat, kann nun mit andersfarbigem Buntpapier kleine Motive darauf kleben, z. B. Kreise, Sterne, Dreiecke, Rechtecke, Eier oder auch ganz einfache gegenständliche Abbildungen. Im Handel gibt es bereits ausgestanzte Aufklebeblättchen, die hierfür verwendet werden können.
3. Wir stecken unsere kleinen Überraschungen in die Schachteln und verschließen sie wieder.
4. Vier gleichlange bunte Bänder werden an einem Stock befestigt. Auf diese

Bänder kleben wir die bunten, gefüllten Streichholzschachteln. Auf jedem Band ist für sechs bunte Schachteln Platz.
5. Ein Bindfaden wird an dem Stock befestigt, damit wir den bunten Adventskalender im Zimmer aufhängen können.

Verwendung:
Kindergarten, Schule, Familie. In der Adventszeit darf täglich ein buntes Päckchen abgeschnitten werden.

Weihnachtsmänner als Adventskalender

Wir brauchen:

24 Innenröhren von Klosettpapierrollen, 24 Holz- oder Styroporkugeln, Buntpapier, Wasserfarben, Pinsel, Lack, Alleskleber, Schere, etwas Watte, allerlei winzige Überraschungen (z. B. Schokoladenplätzchen, Bonbons usw.).

Wir basteln:

1. Zuerst wird die Holzkugel mit einem Weihnachtsmanngesicht ausgestattet. Wir malen mit Wasserfarben, die später überlackt werden.
2. Aus rotem Buntpapier schneiden wir eine Ecke ab und kleben sie unserem Weihnachtsmann als Mütze auf.
3. Der untere Teil des Kopfes wird mit einem weißen Wattebart versehen.
4. Die Röhre wird rundherum mit Buntpapier beklebt. Auch die untere Öffnung wird zugeklebt.
5. Nun füllen wir die bunte Röhre mit unseren kleinen Überraschungen. Anschließend setzen wir den Weihnachtsmannkopf obendrauf und befestigen ihn mit Alleskleber.
6. Wenn alle 24 Weihnachtsmänner fertig sind, werden sie aufgestellt und stellen einen originellen Adventskalender dar. Jeden Tag darf ein Weihnachtsmann unten geöffnet werden, so daß die Überraschungen herausgenommen werden können.

Sternenkalender aus Kronenkorken

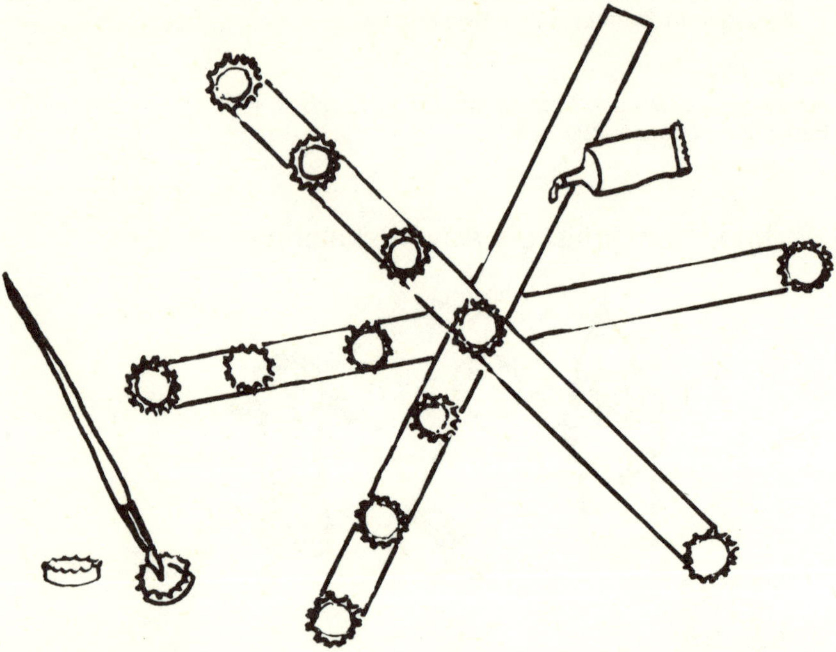

Wir brauchen:

Kronenkorken-Verschlüsse von Saft- oder Bierflaschen (vorsichtig von der Flasche abheben, damit sie keinen Knick durch den Flaschenöffner erhalten; passiert es doch, kann man den Knick mit einem kleinen Hammer geradeklopfen), Wasser- oder Plaka-Farben, Pinsel, Alleskleber, Pappestreifen.

Wir basteln:

1. Wir bemalen das Innere des Kronenkorkens mit Wasserfarben oder Plaka-Farben. Die Beschichtung innen besteht aus einer gummiartigen Masse, die Wasserfarben schlecht annimmt. Um das zu verhindern, seift man den nassen Pinsel auf einem Stückchen Seife leicht ein und taucht ihn erst danach in die Farbe. Oberstes Gebot beim Anmalen: Wenig Wasser – viel Farbe, damit die Farben stark leuchten.
2. Der zackige Rand der Korken darf nicht bemalt werden, dann glitzert er später.
3. Während die Farben auf dem Kronenkorken trocknen, schneiden wir drei Streifen aus weißer Pappe von 3 cm Breite und 30 cm Länge und kleben sie zu einem Stern zusammen.

4. Jeden Tag wird mit Alleskleber ein bunter Kronenkorken-Stern aufgeklebt. Die Anordnung der Kronenkorken kann nach Farben geschehen, z. B. Mitte rot, ein Ring darum blau, die nächsten sechs Korken gelb, die folgenden grün. Wenn alle Sterne aufgeklebt sind, ist Weihnachten.

Adventskalender mit vielen Taschen

Ein rechteckiges Stoff- oder Filzstück wird mit drei Schlaufen versehen, so daß es an der Wand aufgehängt werden kann. 24 kleine, verschieden geformte Taschen werden aufgenäht und mit allerlei Süßigkeiten gefüllt.

Adventslichterkranz

Wohl das bedeutsamste Symbol des Weihnachtsmonats ist das Licht. Die ersten Christen feierten bereits das Epiphaniafest mit Kerzen. In Böhmen stellte man im 15. Jahrhundert zur Weihnachtszeit Lichter in den Stuben auf. Die vier Kerzen des Adventskranzes beziehen sich auf die vier Adventssonntage.
Beim Adventslichertkranz werden 24 Kerzen auf einen Holzreifen oder Pappstreifen, auf eine große Tortenplatte oder eine Pappscheibe mit Wachs befestigt. Jeden Tag wird eine weitere Kerze angezündet, so daß am Heiligen Abend alle 24 Kerzen brennen. In die Mitte des Kreises kann man jeden Abend etwas anderes hineinlegen, z. B. frisch gebackene Plätzchen, Süßigkeiten.

Stoffkalender

Auf ein Stück Stoff wird mit Stoffmalfarbe ein Bild gemalt (auch Stoffapplikation oder Batik möglich). 24 Gardinenringe werden angenäht, an die kleine Geschenkpäckchen gebunden werden können. Mit zwei an den oberen Ecken angebrachten Schlaufen kann der Adventskalender an der Wand aufgehängt werden.

Abschneide-Kalender

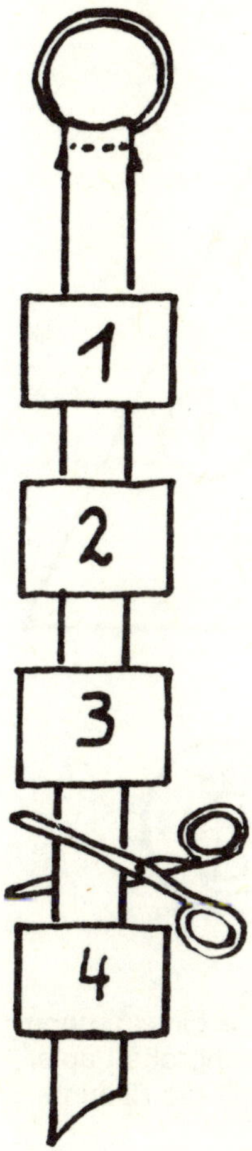

24 bunt bemalte, beklebte Streichholzschachteln werden mit süßem Inhalt versehen, mit Ziffern gekennzeichnet und auf einem Stoffband oder auf einem langen Gürtel befestigt. Der Kalender wird hoch an der Wand aufgehängt. Jeden Tag darf eine Schachtel abgeschnitten werden. Auch Bildchen, winzige Schneckenhäuser und allerlei Krimskrams können als Inhalt zusammen mit den Kindern ausgesucht werden.

Adventsbaumkalender

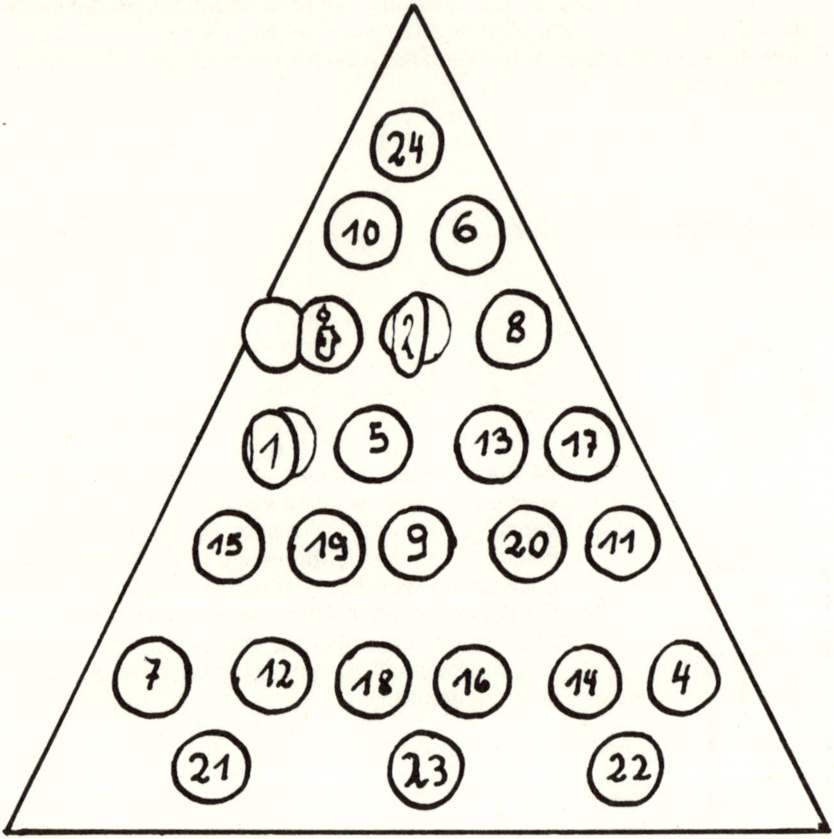

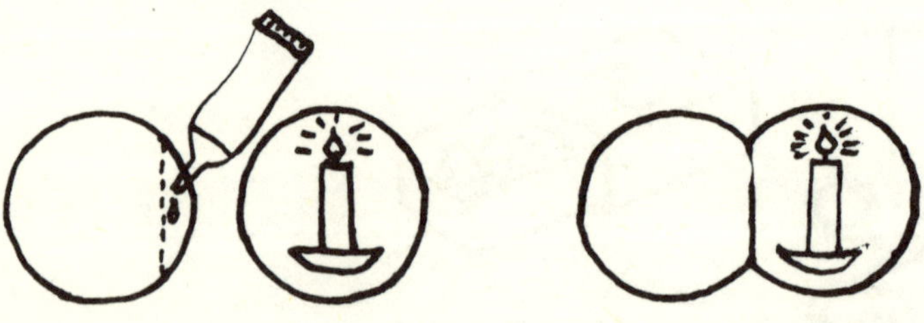

Zunächst schneiden wir auf grünem Plakatkarton die Umrisse eines Tannenbaumes aus. Mit dem Zirkel zeichnen wir zweimal 24 gleichgroße Papier- oder Pappscheiben. Jeweils eines der Scheibenpaare stellt die Bildunterlage, das andere den aufklappbaren Deckel dar.

Zuerst werden 24 Bilder auf 24 runde Plättchen gemalt und auf den Tannenbaum geklebt. Dann werden die numerierten Deckplatten am Rand wie auf der Zeichnung dargestellt mit Kleber an einer Seite bestrichen und auf die Bilder geklebt. Jeden Tag kann ein „Türchen" geöffnet werden.

Stadtkalender

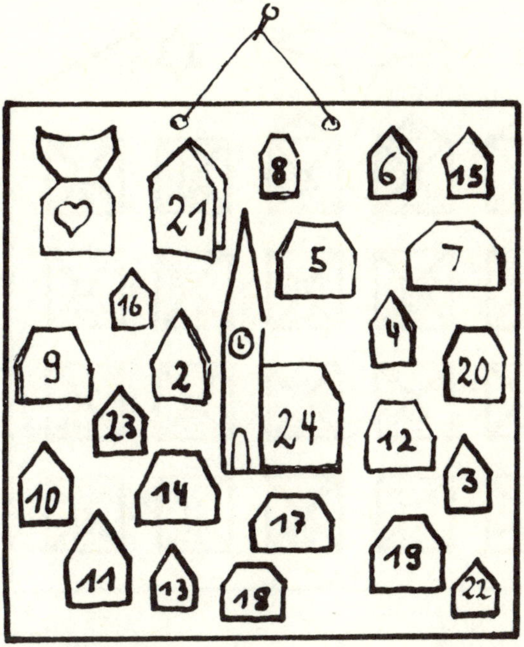

Auf farbigen Plakatkarton wird eine ganze Stadt aufgeklebt. Die einzelnen Häuser werden doppelt ausgeschnitten, aber an einer Linie nicht getrennt, so daß jedes einzelne Häuschen an dem jeweiligen Tag aufgeklappt werden kann.

Advents-Posthaus

Zuerst schneiden wir aus dickem Karton die Umrisse eines Hauses aus und markieren die 24 Felder, in die später die Briefchen geklebt werden sollen. Dann werden 24 quadratische Papierstücke so gefaltet, daß drei der Ecken in der Mitte zusammenstoßen (siehe Abbildung). Auf diese Überlappungsstelle kleben wir etwas Buntpapier, das dann alles zusammenhält. Dann stecken wir in jedes Briefchen eine Überraschung, z. B. Strohsterne, Engelshaar, Bilder, Goldfäden u.v.a. Dann erst knicken wir die vierte Ecke um, achten aber darauf, daß sie zwar den Brief verschließt, aber nicht vollständig festklebt.

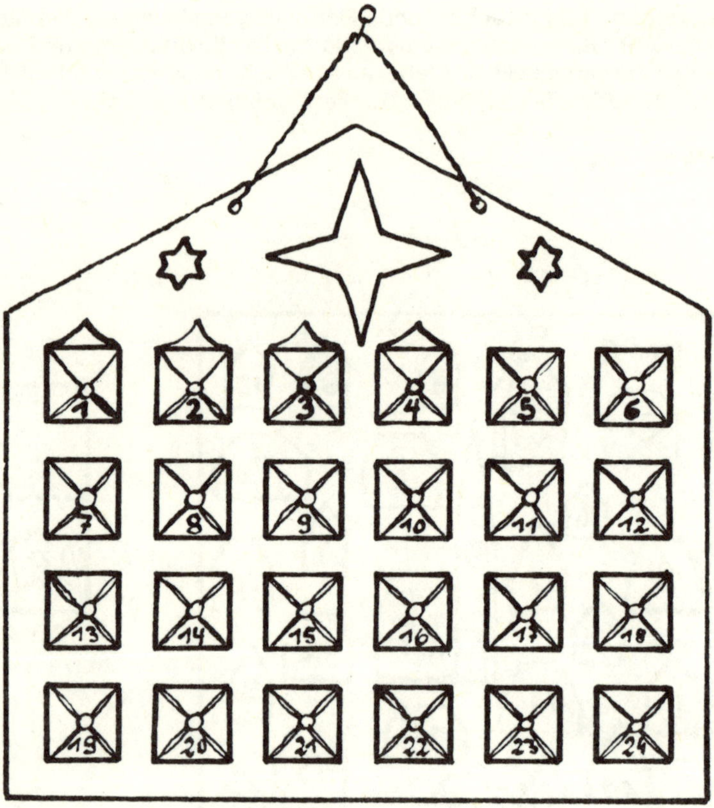

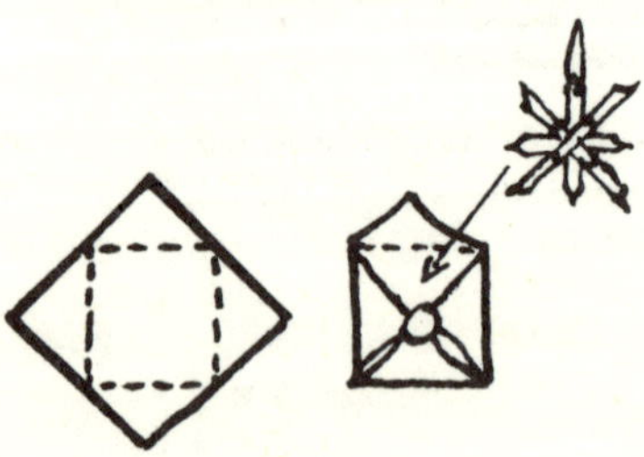

Die Briefe werden dann mit Nummern versehen und auf den markierten Stellen im Advents-Posthaus aufgeklebt.

Reifenkalender

Auf einen Kartonring oder einen Gymnastikreifen werden buntbeklebte unterschiedliche Schachteln befestigt (Käseschachteln usw.). In jeder Schachtel steckt eine kleine Überraschung.

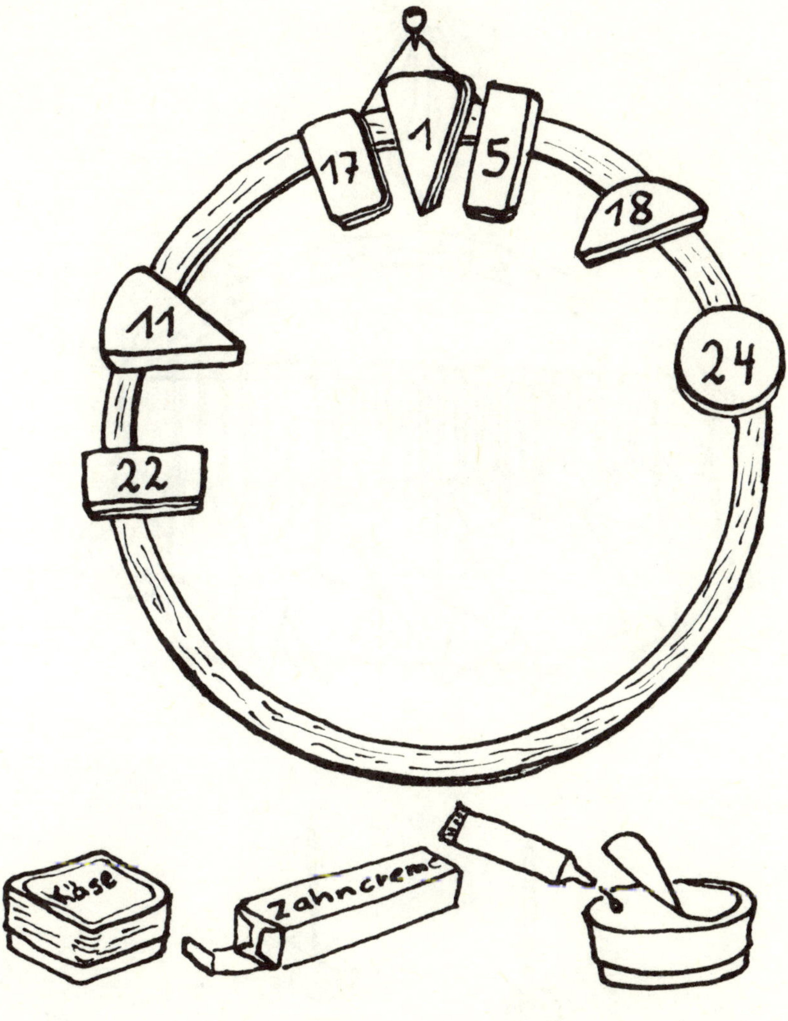

Kleiderbügel-Adventskalender

24 Briefchen oder fertige Briefumschläge werden mit allerlei Kleinigkeiten gefüllt und mit Bändchen an einem bemalten Kleiderbügel aufgehängt. Jeden Tag wird ein Briefchen abgeschnitten. Es können auch Nüsse oder kleine Päckchen angehängt werden.

Kerzen im Advent

Kerzen werden bereits zum Martinstag für die bunten Laternen benötigt. In der Adventszeit werden sie besonders gern angezündet, weil ihr heimeliges Licht den Raum verzaubert und alle immer wieder in seinen Bann zieht. Wenn man irgendwann am Tag einmal die Vorhänge zuzieht, die Adventskerzen anzündet und gemeinsam adventliche Lieder singt oder eine Geschichte zum Advent erzählt, kann man sicher sein, daß die Kinder die Geborgenheit, die in einer solchen Situation entsteht, voll auskosten und immer wieder wünschen.
Aus Fimo lassen sich kleine Kerzenhalter von allen formen, die nach dem Brennen im ganz gewöhnlichen Backofen für große und kleine Kerzen geeignet sind, so daß jedes Kind einen Kerzenhalter für seine Kerze hat. Ob nun reihum jeder zu einer anderen Zeit seine Kerze anzünden darf oder ob alle ihre Adventskerzen leuchten lassen, bleibt der jeweiligen Situation überlassen.
Auch aus Ton lassen sich kleine Kerzenhalter sowie ein einfacher Adventskranz herstellen. Rose-Marie Wagenfeld, die jahrelang mit Kindern arbeitete, hat in der Zeitschrift COLUMBUS (Reha-Verlag, Bonn-Bad Godesberg, Heft 4/1980, Seite 14-15) einen Vorschlag für einen Kerzenhalter gemacht, der inzwischen in vielen Kindergärten mit Erfolg ausprobiert wurde. Viele weitere Vorschläge gibt sie in ihrem Buch „Einfache Tonarbeiten", Reha-Verlag, Bonn-Bad Godesberg.

Wir brauchen:

Die Spanplatte vom Steckstein als Arbeitsbrett, Ton, ein Küchenmesser, zwei runde Pappscheiben, die eine 8 cm breit, die andere 12 cm, einen Tee- oder Eierlöffel, der unten am Stielende gerade ist, vier Christbaumkerzen, ein Rundholz, welches etwas dicker ist als die Kerzen, eine größere Spanplatte, etwa 30 cm breit, ein Nudelholz, zwei Leisten, die 2 cm dick sind, Wasser und einen alten Lappen.
Mit dem naßgemachten Lappen decken wir zuerst einmal den Ton zu, damit er nicht trocken wird, und dann beginnt die Arbeit.

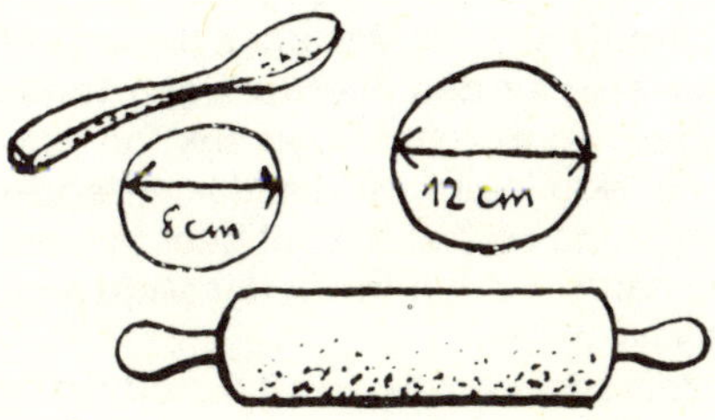

1. Zuerst nehmen wir einen größeren Tonklumpen, kneten ihn gut durch und rollen ihn zu einer Kugel. Diese Kugel legen wir auf die große Spanplatte und drücken sie mit dem Handballen etwas flach. Dann legen wir die beiden Leisten rechts und links von dem Ton auf das Brett und rollen den Ton mit dem Nudelholz zu einer runden Platte aus, so, wie Mutter das mit dem Teig beim Keksebacken macht.
   AUFPASSEN!!! Beim Ausrollen muß das Nudelholz immer schön auf den Leisten aufliegen, damit unsere Tonplatte gleichmäßig dick wird. Außerdem muß sie ab und zu mal umgedreht werden, damit sie nicht auf der Unterlage festklebt.

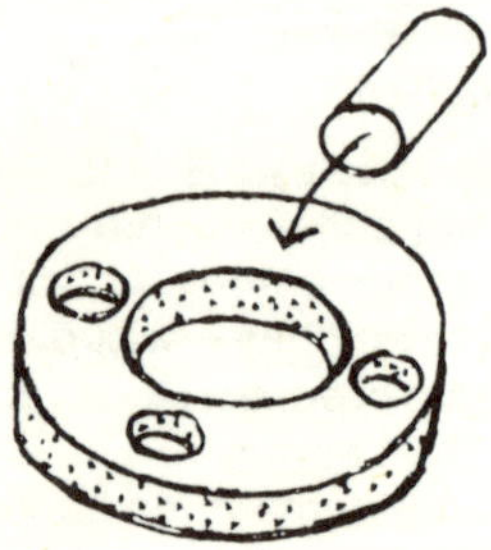

2. Zum Schluß müssen wir eine Tonplatte haben, die so groß ist, daß die große Pappscheibe darauf Platz hat. Wir legen diese Scheibe auf den Ton und schneiden mit dem Messer den überflüssigen Ton rundherum ab.
3. Jetzt haben wir einen 12 cm breiten Kreis aus Ton. Wir legen ihn auf unsere kleine Arbeitsplatte. Nun legen wir die kleine Pappscheibe genau in die Mitte dieses Kreises und schneiden mit dem Messer an ihrer Kante den Ton wieder durch. Wenn wir den Ton in der Mitte herausnehmen, liegt ein kleiner Kranz vor uns.
4. Wir machen den Zeigefinger naß und streichen mit ihm über die Tonoberfläche, damit sie schön glatt wird. Wenn wir gut aufpassen, können wir richtig fein fühlen, wie der Ton beim Streichen glatt wird.

5. Mit dem Rundholz drücken wir vier Löcher in den Kranz, da, wo später die Kerzen hineingesteckt werden sollen. Die Löcher müssen so tief werden, daß die Kerzen gut in ihnen Halt haben. Das Holz muß etwas dicker sein als die Kerzen, weil der Ton beim Trocknen und Brennen schrumpft. Dadurch werden die Löcher wieder kleiner.

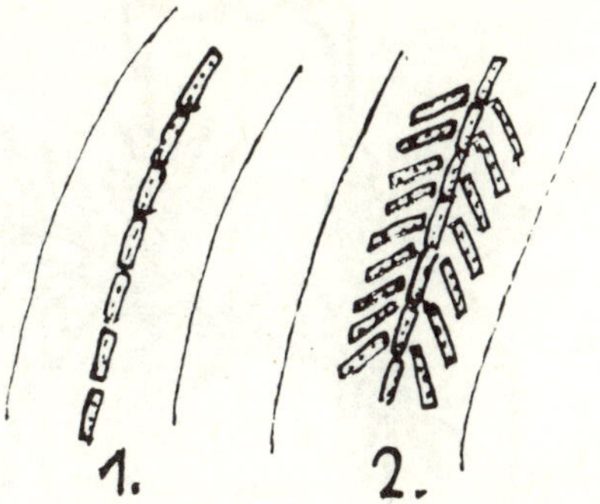

6. Mit dem Teelöffelstiel machen wir zum Schluß zwischen den Kerzenlöchern ein hübsches Tannenzweigmuster, dadurch, daß wir das Stielende in die noch weiche Tonoberfläche drücken. Zuerst kommt der Zweig in die Mitte und dann rechts und links von ihm die Tannennadeln.

Es macht auch viel Freude, Kerzenreste zu sammeln und neue Kerzen aus dem verschiedenfarbigen Kerzenwachs gießen zu lassen. Der Docht kann dann in einer auf beiden Seiten aufgeschnittenen Milchdose oder einer Toilettenpapierrolle gehalten werden, wenn das flüssige Wachs vorsichtig hineingegossen wird. Anschließend wird die Hülle ebenso vorsichtig abgestreift. Auch kleine angemalte Flaschen können reizvolle Kerzenhalter darstellen. Wenn man die Hälften von Wäscheklammern kreisförmig auf einen Bierdeckel klebt, wird ein richtiger Stern daraus, in dessen Mitte eine Kerze stehen kann.

Ob nun einzelne Kerzen adventliche Stimmung verbreiten, ob ganz einfache Gestecke oder Adventskränze oder gar ein richtiger Adventsbaum aus Holz gemeinsam mit den Kindern gebastelt und aufgestellt werden, das entsprechende Angebot sollte sich immer nach den Fähigkeiten und Interessen der Kinder richten. Es kommt wesentlich darauf an, daß die Kinder selbst am Herstellen und Aufstellen beteiligt sind.

Hier einige Vorschläge:

Apfellichter

Wir höhlen vier Äpfel aus und stecken in jeden Apfel eine Kerze und etwas Tannengrün. Die Apfellichter werden dann auf die Mitte des Tisches entweder nebeneinander oder im Quadrat gestellt und angezündet.

Apfel-Kerzenständer

Wir brauchen:

4 Äpfel, Zweigstücke, Tannenzweige, Kerze.
Wir bauen aus den Äpfeln eine kleine Pyramide, die mit Zweigstücken die Äpfel untereinander verbindet. Der oberste Apfel wird ein wenig ausgehöhlt, so daß in die Öffnung die Kerze hineingestellt werden kann. Wenn man rund um die Kerze herum noch ein paar Tannenzweige steckt, steht sie sicher. Außerdem verdecken die Tannenzweige die Ränder und stellen gleichzeitig den besonderen Schmuck des Apfel-Kerzenständers dar.

Ziegelstein-Ständer

Wir brauchen:

Lochziegelsteine mit möglichst vielen daumendicken, runden Löchern. Sie sind in Ziegeleien und bei Baustoffhandlungen erhältlich. Dazu Pappestücke, die in der Größe des Steins geschnitten werden müssen. Außerdem Tannenzweige, Strohsterne und alle möglichen Zweige, sowie vier Kerzen.

Damit der Stein keine Kratzer auf dem Tisch hinterläßt, kleben wir zuerst mit Alleskleber die Pappe auf eine Lochseite. Dann werden in die andere Lochseite Zweige mit Strohsternen, Tannenzweige und andere Zweige gesteckt. Dazu kommen vier Kerzen. Selbstverständlich kann der Tonstein auch mit Plakafarben oder Deckfarben bemalt werden.

Und noch etwas:

Dieser Lochstein eignet sich nicht nur als Adventsständer. Er kann zu jeder Jahreszeit mit den unterschiedlichsten Blumen, Zweigen, Trockenblumen, Gräsern und Ästen geschmückt werden. Beispielsweise kann man mit ihm auch ein Ostergesteck oder einen Ostereierstrauch herstellen.

Adventsbaum

Einen stabilen Adventsbaum aus Holz kann man dann bauen, wenn man sich vom Schreiner die einzelnen Bretter sägen läßt, die dann mit dem Hauptstamm verfugt werden. Der Baum kann dann grün gebeizt oder so gelassen werden, wie er ist. Seine breiten Trageflächen bieten genügend Platz, jeden

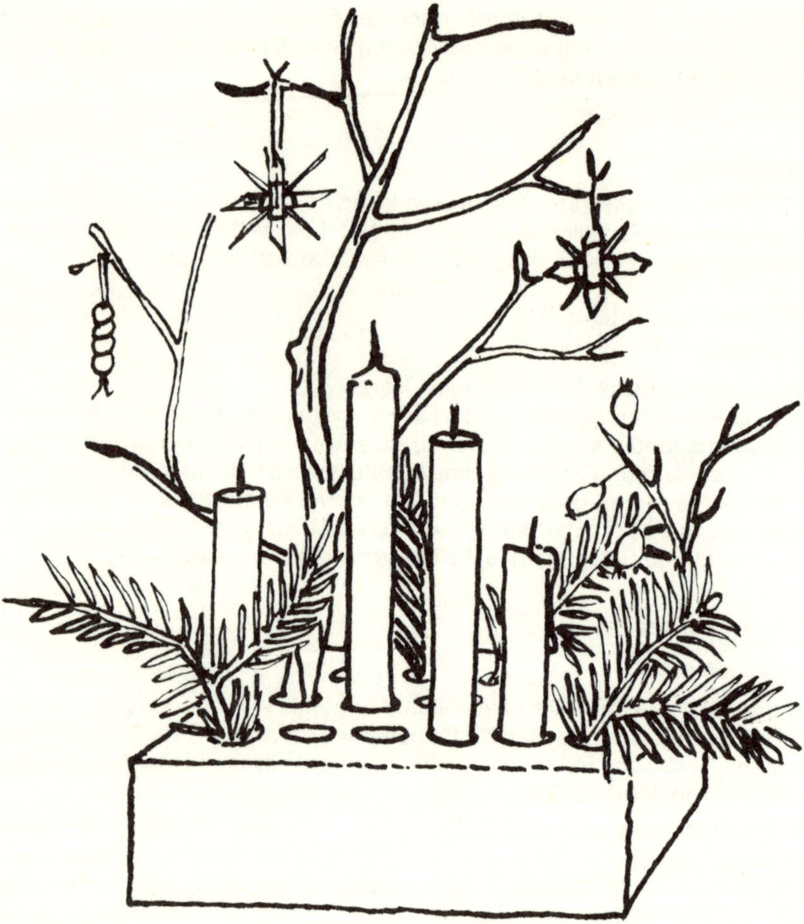

Tag etwas Besonderes darauf zu stellen oder daran zu hängen, z. B. selbstgebackene Plätzchen und Lebkuchen, Äpfel und Nüsse, Bastelarbeiten, Strohsterne, aus Plastilin oder Ton gewerkte Krippenfiguren, Zimtsterne und winzige Geschenke, die für die Familie gebastelt werden.
Der Baum wird am ersten Advent aufgestellt und bleibt während der ganzen Adventszeit stehen, wird aber von Tag zu Tag reicher geschmückt, wobei dikke rote Kerzen und Äpfel, Nüsse und Silberdisteln seinen besonderen Reiz ausmachen. Er sieht zu Weihnachten so schön und vertraut aus, daß er seinen Platz auch bei der Weihnachtsfeier neben dem „richtigen Weihnachtsbaum" behauptet und unter Umständen diesen ganz ersetzen kann. Wir stel-

len den Adventsbaum regelmäßig auf und sind oft erstaunt, auf welch unterschiedliche Weise er in jedem Jahr durch Vorschläge und Arbeiten der Kinder wieder geschmückt wird.

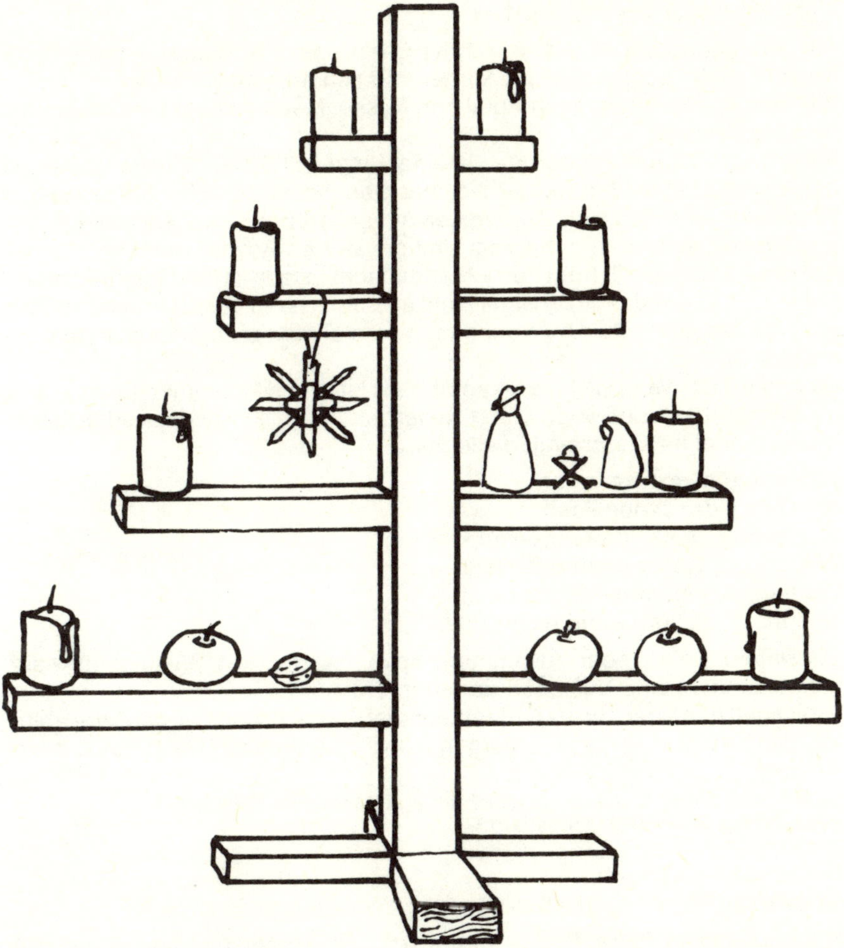

Geschichten zum Advent

Die hier vorgestellten Geschichten sind sprachlich einfach gestaltet, so daß sie sich nicht nur zum Vorlesen, sondern ganz besonders zum eigenen Nacherzählen eignen und dabei ausgeschmückt und variiert werden können.

Vier Kerzen im Advent

Auf dem Tisch steht der Adventskranz. Er hat eine rote Schleife und vier dicke Kerzen. „Setzt euch!" sagt die Mutter und zündet eine Kerze an.
Auf dem Tisch stehen auch Äpfel und Nüsse. Markus knackt die Nüsse mit dem Nußknacker.
Petra fragt: „Warum zünden Sie nur eine Kerze an?" Da erzählt die Mutter: „In der Adventszeit warten wir auf Weihnachten. Am ersten Sonntag im Advent zünden wir eine Kerze an. Am zweiten Advent brennen zwei Kerzen. Am dritten Advent brennen drei Kerzen. Und am vierten Advent brennen alle vier Kerzen." „Und dann?" fragt Petra. Markus lacht: „Dann ist bald Weihnachten!"
Die Mutter knipst das elektrische Licht aus. Jetzt ist es ganz dämmrig im Zimmer. Nur die eine rote Kerze auf dem Adventskranz brennt. Es ist richtig gemütlich.
Da kommt der Vater heim. Er kommt ganz leise in das Zimmer. Er setzt sich mit an den Tisch und sagt: „Jetzt wollen wir auch ein Adventslied singen." Markus fängt an. Dann singen alle mit:

„Wir zünden eine Kerze an,
damit es jeder sehen kann.
In unserem Dunkeln brennt ein Licht.
Wir wissen, Gott vergißt uns nicht.
Oh, leuchte, leuchte, kleines Licht,
leuchte, doch verbrenne nicht!"

Sie singen viele Lieder zusammen: Adventslieder und Weihnachtslieder. Markus knackt eine Nuß nach der anderen.
Da klingelt es an der Tür. Es ist Jens. Jens ist Petras Bruder. Er will Petra abholen, denn es ist schon spät. „Morgen lade ich Markus ein!" sagt Petra, bevor sie geht.

(Aus R. Krenzer/D. Domina: Geschichten und Bilder zum Kirchenjahr, Reha-Verlag, Bonn-Bad Godesberg.)

Weihnachtsvorbereitungen

Markus besucht Petra. Petras Mutter ruft: „Du kommst gerade richtig! Wir wollen Plätzchen backen. Da darfst du helfen!" Petra holt eine Schürze. Die muß Markus umbinden. Es ist eine Riesenschürze. Sie gehört Petras Vater. Die Mutter rührt den Teig an, und Markus und Petra schauen zu. Danach walzt sie den Teig mit dem Nudelbrett auf dem Tisch aus. Jetzt wird es lustig! Petra holt Förmchen herbei. Nun dürfen die Kinder die Plätzchen ausstechen. Das

gibt lustige Plätzchen: Tannenbäume, Sterne, Pilze, Vögel und Weihnachtsmänner. Ganz vorsichtig legen sie die ausgestochenen Plätzchen auf das Blech. Dann schiebt die Mutter das Blech in den Backofen.
Markus und Petra warten. Es dauert sehr lange, bis die Plätzchen fertig sind. Viel zu lange! Aber endlich holt die Mutter das Blech aus dem Backofen heraus. Die Kinder möchten gleich versuchen, ob die Plätzchen schmecken. Doch leider sind sie noch viel zu heiß. Da legt die Mutter ein paar Plätzchen auf die Fensterbank. Jetzt werden sie schnell kalt.
Dann dürfen die Kinder endlich die Plätzchen probieren. Aber nicht zuviel! Sie müssen bis Weihnachten reichen.
Petra führt Markus in ihr Zimmer. Sie ruft ihrer Mutter zu: „Du darfst nicht hereinkommen. Wir wollen nämlich Weihnachtsgeschenke basteln!" Die Mutter lacht: „Vor Weihnachten hat jeder Geheimnisse!"

(Aus R. Krenzer/D. Domina: Geschichten und Bilder zum Kirchenjahr, Reha-Verlag, Bonn-Bad Godesberg.)

Das Märchen vom Wunderkästchen

Einmal fand ein kleiner Junge ein Kästchen. „Es ist bestimmt etwas Merkwürdiges darin!" meinte er und drehte und wendete es nach allen Seiten. Aber so sehr er sich auch bemühte, das Kästchen ließ sich nicht öffnen.
Bald darauf fand der Junge ein Schlüsselchen. „Das Schlüsselchen wird bestimmt zu dem Wunderkästchen passen!" sagte der kleine Junge. Und wirklich! Das Schlüsselchen paßte! Da drehte der kleine Junge das Schlüsselchen im Schloß. Und knacks, sprang der Deckel des Kästchens auf. Und was war in dem Kästchen? Ein Kalbsschwänzchen lag darin. Ein winziges Kalbsschwänzchen! Ja, wenn das Kalbsschwänzchen länger gewesen wäre, könnte auch dieses Märchen viel länger sein. So aber ist das Märchen jetzt leider schon zu Ende.

Die Geschichte vom Weihnachtslicht

Als die Engel den Hirten verkündet hatten, daß im Stall von Bethlehem der König der Welt geboren worden war, da suchte jeder nach einem passenden Geschenk, das er dem Kind in der Krippe mitbringen wollte. Die Hirten liefen auseinander, verabredeten sich aber, daß sie sich nach kurzer Zeit treffen wollten, um gemeinsam zum Stall zu gehen, das Kind anzubeten und ihre Geschenke zu überbringen.

„Ich bringe ein Schäfchen mit!" meinte der eine. „Ich eine Kanne voll frischer Milch!" sagte ein anderer. „Und ich eine warme Decke, damit das Kind nicht friert!" rief ein dritter.
Unter den Hirten war aber auch ein Hirtenknabe. Der war bettelarm und hatte nichts, was er dem Kind schenken konnte.
Traurig lief er zum Schafstall und suchte in dem winzigen Eckchen, das ihm gehörte, nach etwas, was er vielleicht doch mitbringen konnte. Aber da war nichts, was auch nur den Anschein eines Geschenkes hatte. In seiner Not zündete der Hirtenknabe eine kleine Kerze an und suchte in jeder Ritze und in jeder Ecke. Doch alles Suchen war umsonst. Da setzte er sich endlich mitten auf den Fußboden und war so traurig, daß ihm die Tränen an den Backen herunterliefen. So bemerkte er auch nicht, daß ein anderer Hirte in den Stall gekommen war und vor ihm stehenblieb. Er erschrak richtig, als ihn der Hirte ansprach: „Da bringen wir dem König der Welt alle möglichen Geschenke. Ich glaube aber, daß du das allerschönste Geschenk hast!" Erstaunt blickte ihn der Hirtenknabe mit verweinten Augen an. „Ich habe doch gar nichts!" sagte er leise. Da lachte der Hirte und meinte: „Schaut euch diesen Knirps an! Da hält er in seiner Hand eine leuchtende Kerze und meint, er habe gar nichts!" „Soll ich dem Kind vielleicht die kleine Kerze schenken?" fragte der Hirtenknabe aufgeregt. „Es gibt nichts Schöneres!" antwortete der Hirte leise.
Da stand der Hirtenknabe auf, legte seine Hand schützend vor die kleine Flamme und machte sich mit dem Hirten auf den Weg. Als die Hirten mit ihren Geschenken den Stall erreichten, war es dort kalt und dunkel.
Als aber der Hirtenknabe mit seiner kleinen Kerze den Stall betrat, da breitete sich ein Leuchten und eine Wärme aus, und alle konnten Maria und Josef und das Kind in der Krippe sehen.
So knieten die Hirten vor der Krippe und beteten den Herrn der Welt, das kleine Kind mit Namen Jesus, an. Danach übergaben sie ihre Geschenke. Der Hirtenknabe aber stellte seine Kerze ganz nah an die Krippe, und er konnte deutlich das Leuchten in Marias und Josefs Augen sehn. „Das kleine Licht ist das allerschönste Geschenk!" sagten die Hirten leise.
Und alle freuten sich an dem schönen Weihnachtslicht, das sogar den armseligen Stall warm und gemütlich machte. Der Hirtenknabe aber spürte, wie in ihm selbst eine Wärme aufstieg, die ihn immer glücklicher machte. Und wieder mußte er weinen. Jetzt weinte er aber, weil er sich so glücklich fühlte.
Bis zum heutigen Tag zünden die Menschen vor Weihnachten Kerzen an, weil sie alle auf Weihnachten warten und ihnen das kleine Licht immer wieder Freude und Geborgenheit schenkt.

Krippenspiel

Frau Kersting übt mit den Kindern ihrer Gruppe ein Krippenspiel ein. Es soll den Eltern in der Weihnachtsfeier vorgespielt werden.
Heiko spielt den Josef, und Liselotte die Maria. Peter, Anne und Frieder sollen die Wirte in den verschiedenen Gasthäusern spielen. Peters Wirtshaus ist hinter der Tür des Gruppenraums. Josef kommt mit Maria und klopft an die Tür. „Habt ihr ein Zimmer für uns?" fragt er. Peter öffnet die Tür, schreit: „Nein, bei mir ist kein Zimmer frei!" und schlägt den beiden die Tür vor der Nase zu. Liselotte hat einen Tisch in eine Zimmerecke gestellt. Sie sitzt auf einem Stuhl hinter dem Tisch. Josef legt den Arm um Maria und führt sie zu Liselottes Gasthaus. Er klopft mit der Faust auf den Tisch. „Habt ihr vielleicht ein Zimmer für uns?" fragt er. „Tut mir leid!" sagt Liselotte. „Sucht euch ein anderes Wirtshaus!" So gehen Maria und Josef weiter zu Frieders Wirtshaus. Es ist gleich neben dem Schrank. „Habt ihr ein Zimmer für uns?" fragt Josef.
Jetzt unterbricht Frau Kersting das Spiel. Sie fragt: „Wie wäre das eigentlich heute? Wie wäre es, wenn Maria und Josef zu euch kämen und fragten: Habt ihr ein Zimmer für uns? Würdet ihr sie bei euch aufnehmen?" „Ganz bestimmt!" sagt Silke. „Dann würde doch bei uns das Jesuskind geboren. Es brauchte nicht im Stall in der Krippe zu liegen!" meint Jörg. „Sie könnten sogar bei mir im Kinderzimmer schlafen. Wir würden noch eine Liege hineinstellen, und ich würde zu meinen Eltern in das Schlafzimmer ziehen!" fügt Kristina hinzu. „Es hat aber doch niemand gewußt, daß Maria Jesus erwartet!" sagt Frau Kersting. „Ob ihr wirklich bereit wäret, irgendeinen Fremden bei euch aufzunehmen?"
Nach einigem Überlegen meint Sven: „Da würden meine Eltern bestimmt nicht mitmachen!" „Unsere Wohnung ist viel zu klein!" sagte Sybille. „Fremde Leute sollen in einem Gasthaus wohnen!" stellt Liselotte sachlich fest. „Und wenn im Gasthaus kein Zimmer frei ist?" fragt Frau Kersting. „Man kann doch nicht einfach zu irgendwelchen Leuten kommen und nach einem Zimmer fragen!" meint Sven, nachdem er lange nachgedacht hat. Heiko war bisher ganz still. Er hat aber genau zugehört. Jetzt sagt er: „Ich glaube, es wäre heute so wie damals. Wir alle würden Maria und Josef nicht bei uns aufnehmen!"
„Wir wollen unser Krippenspiel weiterspielen!" sagt Frau Kersting. „Wo wollen wir den Stall aufbauen?"

Rolf Krenzer

(Aus R. Krenzer/R. Rogge: Kurze Geschichten zum Vorlesen und Nacherzählen im Religionsunterricht, Bd. 2, Verlag Ernst Kaufmann, Lahr – Kösel-Verlag, München.)

Mutters Weihnachtswunsch

Jeden Tag bedrängen Ulrich und Carmen ihre Mutter. Jeden Tag wollen sie von ihr wissen, was sie sich zu Weihnachten wünscht. „Ich könnte dir etwas Wunderschönes basteln!" sagt Carmen. „Ich könnte dir ein Bild malen!" meint Ulrich. „Ja, das ist schon recht!" sagt die Mutter und lächelt. „Es soll aber etwas ganz Besonderes sein. Etwas, über das du dich sehr freust!" Die Mutter überlegt, aber ihr fällt nichts ein. „Gebastelt und gemalt haben wir auch schon im letzten Jahr!" stellt Ulrich fest. „Jetzt müßte es etwas anderes sein. Etwas,

was du bisher noch nicht bekommen hast!" „Ach, euch fällt bestimmt noch ein Geschenk für mich ein!" sagt die Mutter. Doch die Kinder geben keine Ruhe. Sie drängen und drängen.
Da setzt sich die Mutter auf die Eckbank hinter dem Tisch und lädt die beiden Kinder ein, sich links und rechts neben sie zu setzen. „Ja, ich habe einen Wunsch." sagt sie dann. „Ein Wunsch, der euch nichts kostet. Ein Wunsch, der etwas ganz Besonderes ist. Etwas, über das ich mich sehr freuen würde!" Gespannt blicken die Kinder der Mutter ins Gesicht. „Bitte, bitte, verrate uns deinen Wunsch!" sagt Carmen. „Ja, bitte, bitte!" drängt Ulrich. „Na, gut!" sagt die Mutter. „Ich wünsche mir von euch, daß ich ein bißchen freundlicher zueinander seid. Daß ihr euch nicht mehr so oft wegen jeder Kleinigkeit streitet. Daß ihr euch bemüht, ein bißchen besser miteinander auszukommen. Ja, das wäre mein ganz besonderer Wunsch!"
„So etwas schenkt man doch nicht zu Weihnachten!" meint Ulrich. Die Mutter antwortet nicht. „Ich glaube, das ist ein sehr schwerer Wunsch!" sagt Carmen nach einer Weile. Die Mutter nickt. „Ich würde es mir aber sehr wünschen", sagt sie leise. „Versuchen können wir es ja!" meint Ulrich nachdenklich. „Eigentlich ist es ja auch nicht so schwer." „Ja, versuchen wollen wir es bestimmt!" sagt Carmen. „Aber jetzt wünsche dir noch etwas Richtiges zu Weihnachten!" Warum die Mutter jetzt laut lachen muß, verstehen Ulrich und Carmen nicht. Aber es tut ihnen so gut, daß die Mutter sie ganz fest an sich drückt.

Rolf Krenzer

(Aus R. Krenzer/R. Rogge: Kurze Geschichten zum Vorlesen und Nacherzählen im Religionsunterricht, Bd. 2, Verlag Ernst Kaufmann, Lahr – Kösel-Verlag, München.)

Ein Geschenk für den Vater

Weil Gott der Welt seinen Sohn geschenkt hat, beschenken sich die Menschen zu Weihnachten. Knut hat sein ganzes Taschengeld gespart, um seinem Vater zu Weihnachten etwas ganz Besonderes zu kaufen. Die Mutter weiß natürlich Bescheid. Knut hat ihr gleich nach dem Einkauf das Geschenk für den Vater gezeigt. Für die Mutter hat er einen Untersetzer gebastelt. „Aber ja nichts verraten!" hat Knut gesagt. Und Mutter? Sie verrät dem Vater bestimmt nichts. „Weist du, was du von mir zu Weihnachten bekommst?" fragt Knut seinen Vater am Abend. „Wie soll ich das wissen?" sagt der Vater und lacht. „Ich verrate es dir auch bestimmt nicht!" sagt Knut. „Aber es ist rot und blau!" „Dann ist es bestimmt eine neue Krawatte!" meint der Vater. „Oder ein Taschentuch oder ein buntes Bild!" „Du errätst es niemals!" lacht Knut. „Es ist auch noch grün und hat viele gelbe Sterne!" Der Vater schüttelt den Kopf. „Das gibt es doch überhaupt nicht!" sagte er. „Rot und blau und grün mit vielen gelben Sternen!" Knut schüttel sich vor Lachen. „Ja, und dann ist es so groß!" Er zeigt mit beiden Händen ein riesiges Geschenk. Es muß so groß sein, daß es gerade in Knuts ausgebreitete Arme paßt. „Das kann kein Mensch raten!" stellt der Vater fest. „Soll ich es dir sagen?" fragt Knut und blickt seinen Vater schelmisch an. Jetzt schaltet sich die Mutter ein. „Verrate es nicht. Es soll doch eine Überraschung sein!" Doch der Vater drängelt. „Bitte, sag es mir doch. Ich bin ja so schrecklich neugierig!" „Sei vorsichtig! Verrate nichts!" mahnt die Mutter. Knut blinzelt ihr zu. Dann sagt er: „Weil du so neugierig bist, will ich es dir ausnahmsweise einmal verraten!" „Nein, verrate es mir besser doch nicht!" meint der Vater. „Ich kann bestimmt noch bis Weihnachten warten!" „Rot und blau und grün mit vielen gelben Sternen!" sagt Knut und schaut seinen Vater erwartungsvoll an. „Und das bekomme ich wirklich von dir zu Weihnachten?" Der Vater wendet sich an die Mutter: „Gibt es so etwas wirklich?" Die Mutter zuckt mit den Schultern. „Natürlich gibt es so etwas!" ruft Knut. „Es ist das bunte Weihnachtspapier, in das ich dein Geschenk eingepackt habe. Aber mehr verrate ich nicht!"

Rolf Krenzer

(Aus R. Krenzer: Sternenadventskalender, Verlag Ernst Kaufmann, Lahr.)

Ulrike und der Weihnachtsbaum

Vor drei Wochen hatte Ulrikes Mutter den Weihnachtsbaum aus dem Wohnzimmer getragen. „Er nadelt viel zu sehr!" hatte sie gesagt. Und weil Weihnachten endgültig vorbei war, brauchte man auch keinen Weihnachtsbaum mehr. Jetzt lag der Baum im Garten. An seinen Zweigen hing noch ein wenig Lametta. Aber sonst sah er recht armselig aus. So kam es, daß sich kein Mensch mehr um ihn kümmerte.

Aber eines Tages fiel neuer Schnee. Es schneite und schneite. „Ich baue einen Schneemann!" rief Ulrike. Sie gab sich große Mühe. So stand am Mittag ein prächtiger Schneemann im Garten. Er trug Vaters alten Hut auf dem Kopf. Zwei dicke Steine bildeten seine Augen, und eine Möhre steckte als Nase mitten in seinem Gesicht. Sein Mund bestand aus kleinen Kieselsteinen. „Er sieht richtig lustig aus!" meinte der Vater.

„Er braucht aber noch einen Besen!" stellte Ulrike fest. Aber so sehr sie auch suchte, es ließ sich kein Besen auftreiben. Die Mutter hatte ihren alten Besen zum Sperrmüll gegeben, und den neuen rückte sie nicht heraus. „Wenigstens einen Spazierstock müßte mein Schneemann haben!" sagte Ulrike. Aber im ganzen Haus gab es keinen Spazierstock. Da sah Ulrike den vergessenen Weihnachtsbaum im Schnee liegen. Eifrig grub sie ihn mit beiden Händen aus dem Schnee heraus. „Dann kriegt mein Schneemann eben einen Weihnachtsbaum!" sagte Ulrike und stellte den Baum so gegen den Schneemann, daß es aussah, als hielte er ihn im Arm. „So einen lustigen Schneemann habe ich noch nie gesehen!" stellte die Mutter fest.

Sie holte einen Meisenring und hängte ihn an einen Zweig des Baumes. Als Ulrike später aus dem Fenster sah, stand ihr Schneemann im Garten. Neben ihm aber stand der Weihnachtsbaum. Aber die beiden waren nicht allein. Von allen Seiten flogen Vögel herbei, um sich von dem Futter zu holen. Es blieb noch viele Tage kalt. So blieben der Schneemann und der Weihnachtsbaum noch lange Zeit im Garten stehen. Und jeden Tag kamen die Vögel zu Besuch.

© Rolf Krenzer

Die Geschichte von der Straßenlaterne

Dort, wo die Petersgasse in die Brückenstraße einmündet, stand seit vielen Jahren eine Laterne. Die Leute wußten gar nicht mehr, seit wann die Laterne dort stand. Jeden Abend, sobald es dämmrig wurde, schaltete die Laterne ihr Licht an und leuchtete bis in den Morgen hinein. Das tat sie immer überaus pünktlich und gewissenhaft. Die Leute nahmen das Licht der Laterne als selbstverständlich hin und beachteten sie weiter überhaupt nicht.

Mit der Zeit begann sich die Laterne über die Leute zu ärgern. Es kümmerte keinen, ob sie ihren Leuchtdienst gewissenhaft versah. Alle rechneten fest damit, daß sie leuchtete. Aber kein Mensch schien sich darüber zu freuen, daß sie mit ihrem Licht den Leuten im Dunkeln den richtigen Weg zeigte.

Da beschloß die Laterne eines Abends, ihr Licht nicht einzuschalten. Es wurde dämmrig, dann dunkel. Doch die Laterne ließ ihr Licht ausgeschaltet.

Zuerst war es Herr Blau, der es bemerkte. Er wollte ganz schnell über die Straße laufen und trat mitten in eine große Pfütze hinein. Ärgerlich sagte er: „Was ist denn mit der Laterne los? Sie brennt ja nicht!" Dann kam Frau Meyer um die Ecke. Sie hatte es eilig und bemerkte es nicht, daß ihr von der anderen Seite Herr Peters entgegenkam. So rannten Frau Meyer und Herr Peters aufeinander. „Entschuldigen Sie bitte!" sagte Herr Peters. „Aber die Laterne brennt nicht!" Und dann rannte Herr Wolters mit dem Kopf gegen den Laternenpfahl. Er rieb sich die Stirn und schimpfte: „Wenn du schon nicht brennst, dann brauchst du auch nicht hier herumzustehen und anderen Leuten im Weg sein!" Immer mehr Leute schimpften, daß die Laterne nicht brannte. In der Nacht noch riefen sie die Stadtverwaltung und das Elektrizitätswerk an.

Am nächsten Morgen kamen die Arbeiter und stellten eine Leiter an die Laterne an. Sie wechselten die Birne aus. Aber die Birne war heil. Da wußten die Arbeiter auch nicht, was sie machen sollten. Sie sagten: „Wir kommen morgen wieder!"

Am Abend gingen die Leute ganz vorsichtig durch die Petersgasse und durch die Brückenstraße. Viele hatten sogar ihre Taschenlampen dabei. Damit leuchteten sie. „Wenn doch nur unsere Laterne wieder brennen würde!" sagten sie, wenn sie sich begegneten. „Ohne Laterne geht das einfach nicht!" Als das die Laterne hörte, freute sie sich so sehr, daß sie augenblicklich ihr Licht wieder anknipste. „Seht nur, unsere Laterne brennt wieder!" riefen die Leute und schauten zu ihr hoch. „Ist sie nicht wunderschön?" fragte ein alter Mann. „Sie macht unsere Straße hell und gemütlich!" Da freute sich die Laterne noch mehr und nahm sich vor, nie wieder auszugehen. Rolf Krenzer

(Aus R. Krenzer: Zweiundfünfzig Sonntagsgeschichten, Reha-Verlag, Bonn-Bad Godesberg.)

Der Traumfreund

Hans kann nicht laufen wie andere Kinder. Seine Beine sind viel zu schwach. Am Tag muß er im Rollstuhl sitzen. Aber jede Nacht, wenn Hans eingeschlafen ist, kommt sein Traumfreund zu ihm. Das ist ein starker junger Mann. Er sagt freundlich: „Hallo, Hans!" Und Hans sagt: „Hallo, starker Freund!" „Steige auf meinen Rücken und halte dich gut fest!" sagt der Traumfreund. Dann fliegt er mit Hans durch das offene Fenster in die Nacht hinaus. Zuerst geht es über die Dächer der Stadt, dann einmal um den alten Kirchturm herum. Und danach fliegt Hans mit seinem Traumfreund weit über das Land. Sie besuchen den alten Uhu im Wald. Dann fliegen sie zu dem alten Leuchtturm am Meer und schauen den Schiffen zu, die vorbeifahren. Sie fliegen zu den Fröschen im Teich und hören zu, wenn die Frösche ihr Lied anstimmen. Sie besuchen die kleine unscheinbare Nachtigall und lassen sich von ihrem Gesang verzaubern.

Dann fliegen sie zu dem Märchenschloß. Dort trifft Hans alle, die er aus den Märchen kennt: Schneewittchen und Frau Holle; Hänsel und Gretel und die Hexe, die gar nicht mehr böse ist; den gestiefelten Kater und das tapfere Schneiderlein; Hans im Glück und die Bremer Stadtmusikanten, Rumpelstilzchen und Dornröschen. Sie feiern ein großes Fest. Hans darf mit Schneewittchen und Dornröschen tanzen. Und dann tanzt der Traumfreund mit Dornröschen, denn er ist eigentlich ein Märchenprinz. Hans spielt am liebsten mit dem Küchenjungen. Es ist der Junge, der früher einmal in Dornröschens Schloß gearbeitet hat. Immer wenn er das Märchen hörte, hatte Hans Mitleid mit dem Küchenjungen. Deshalb sagt er immer wieder zu ihm: „War das nicht schlimm? Du wachst aus dem Zauberschlaf auf, reibst dir die Augen und zack, kriegst du eine Ohrfeige!" Doch der Küchenjunge lacht und sagte: „Das ist doch schon so lange vorbei!" Der Küchenjunge ist ein richtiger Lausbub. Er kennt viele Streiche. Und Hans ist immer dabei.

Später kommt der Traumfreund und sagt: „Hans, wir müssen nach Hause! Bald beginnt der neue Tag!" Da steigt Hans wieder auf seinen Rücken. Er winkt allen im Märchenschloß zum Abschied zu und fliegt mit dem Traumfreund über das Meer und über den Wald wieder heim. Am Morgen wacht Hans gutgelaunt auf.

Aber einmal schließt die Mutter am Abend das Fenster. „Bitte, laß es offenstehen!" bettelt Hans und denkt an seinen Traumfreund. „Es ist Winter geworden!" sagt die Mutter. „Da wird es nachts zu kalt!" Natürlich hat die Mutter recht. Hans ist sehr traurig. Aber es bleibt ihm wohl nichts anderes übrig, als auf den nächsten Frühling zu warten. In der Nacht klopft der Traumfreund ans Fenster. Traurig winkt Hans ihm zu. Er kann ja nicht aufstehen und das Fenster öffnen. Da lächelt der Traumfreund und hebt die Hand. Hans staunt. Da öffnet sich das Fenster von ganz allein. „Hallo, Hans!" sagt sein Traumfreund. „Steige auf meinen Rücken und halte dich gut fest!" Rolf Krenzer

(Aus R. Krenzer: Zweiundfünfzig Sonntagsgeschichten, Reha-Verlag, Bonn-Bad Godesberg.)

Adventliche Lieder, Reime und Rätsel

Die Adventszeit mit ihrem Warten auf Weihnachten, in der sich viele Menschen näherkommen, findet einen besonderen Inhalt in den vielen alten und neuen Liedern, die immer wieder gern gesungen werden. Sie alle drücken das Warten auf Weihnachten, das Begegnen mit dem Weihnachtslicht, die Freude am gemeinsamen Tun und Spielen überzeugend aus. Zu überlieferten Liedern werden hier einige neue Adventslieder angeboten, die sich im Kindergarten inzwischen vielerorts bereits bewährt haben und jedes Jahr wieder von den Kindern gewünscht werden.

Es brennt die erste Kerze

Melodie und Text: Gertrud Lorenz;
5. Strophe: Rolf Krenzer

2. Es brennt die zweite Kerze
im schönen Advent.
Bald hat der Herr Geburtstag.
Die Kerze, sie brennt.

3. Es brennt die dritte Kerze
im schönen Advent.
Bald hat der Herr Geburtstag.
Die Kerze, sie brennt.

4. Es brennt die vierte Kerze
im schönen Advent.
Bald hat der Herr Geburtstag.
Die Kerze, sie brennt.

5. Es brennen alle Kerzen
am End' des Advents.
jetzt hat der Herr Geburtstag.
Das Weihnachtslicht brennt.

(Aus R. Krenzer [Hrsg.]: 100 einfache Lieder Religion, Verlag Ernst Kaufmann, Lahr – Kösel-Verlag, München.)

Wir sitzen um den Adventskranz

©Klaus Irmer

In uns’rer Mitte …
2. Die zweite Kerze,
schaut wie sie brennt!
Nun sind es zwei zum zweiten
Advent.

In uns’rer Mitte …
3. Die dritte Kerze,
schaut wie sie brennt!
Nun sind es drei zum dritten
Advent.

In uns’rer Mitte …
4. Die vierte Kerze,
schaut wie sie brennt!
Nun sind es vier zum vierten
Advent.

Das Lied wird so weit gesungen, wie die Adventszeit fortgeschritten ist. Die Gruppe sitzt im Kreis möglichst nah um den Adventskranz herum und bei jedem Vers wird eine weitere Kerze entzündet. Das Lied eignet sich gut, um eine ruhige Phase einzuleiten, z. B. um eine Geschichte zu erzählen oder ein Bild zu betrachten. Danach werden die Kerzen wieder einzeln gelöscht:

In uns’rer Mitte …
2. Die zweite Kerze
leuchtet nicht mehr …

In uns’rer Mitte …
3. Die dritte Kerze
leuchtet nicht mehr …

In uns’rer Mitte …
4. Die vierte Kerze
leuchtet nicht mehr …

Ich lade dich ganz herzlich ein Melodie: Inge Lotz / Text: Rolf Krenzer

Der Himmel ist
hoch über uns
und hier bei uns im Haus

Gott ist bei dir,
Gott ist bei mir
drum ruh' dich bei mir aus.

Spielanregung

Zwei stellen ein Haus dar: Sie stehen sich gegenüber und halten sich an den Händen. Ein dritter Mitspieler kommt in das Haus hinein, wird von den beiden anderen festgehalten und leicht zur Musik geschaukelt. Dabei schließen alle die Augen, so daß sich das Geborgensein erfahren läßt. Im Spielkreis können viele Häuser entstehen. Nach jeder Strophe darf man ein anderes Haus aufsuchen und sich dort schaukeln lassen.

(Aus R. Krenzer [Hrsg.]: Regenbogen bunt und schön, Verlag Ernst Kaufmann, Lahr – Kösel-Verlag, München.)

Wir werden immer mehr Melodie: Klaus Irmer / Text: Rolf Krenzer

2. Wir sind zwei und stehn hier so allein.
   Sag, willst du nicht bei uns sein?
   Komm herbei! Dann zählen wir schon drei.
3. Drei sind wir und stehn hier so allein.
   Sag, willst du nicht bei uns sein?
   Drei sind wir, und du dabei sind vier.
4. Bitte sehr, wir stehn hier so allein.
   Sag, willst du nicht bei uns sein?
   Komm doch her, dann zählen wir noch mehr.

5. Wir sind hier und stehn nicht mehr allein.
Hell strahlt unsres Lichtes Schein.
Wir sind hier. Das Licht kommt auch zu dir.

Zu Beginn des Spielliedes steht der Leiter ganz allein in der Mitte mit einer Kerze in der Hand. Weitere, brennende Kerzen – halb so viel wie Gruppenmitglieder – stehen beim Leiter auf dem Boden. Bei jedem Vers wird ein Kind mehr zur Mitte gewunken, nimmt die Kerze auf und singt den folgenden Vers mit. Der vierte Vers kann so lange gesungen werden, bis alle Kerzen aufgenommen sind. Mit dem letzten Vers werden die Kerzen an die übrigen Gruppenmitglieder verteilt.
Jetzt kann das Lied noch einmal gesungen werden. Dabei werden jetzt die anderen zu Kerzenträgern.

Winterlied

Melodie: Inge Lotz / Text: Rolf Krenzer

Kalt, kalt, kalt,
es ist bitterkalt,
und die Scheiben sind zugefroren.
Mütze, Mantel und Schuh,
dicke Handschuh dazu,
denn wir frieren an Händen und Ohren.

Kalt, kalt, kalt,
es ist bitterkalt,
und die Eisblumen blühn an den Scheiben.
Haucht die Scheiben warm an,
daß man nachsehen kann,
wo die Schneeflocken draußen hintreiben.

Kalt, kalt, kalt,
es ist bitterkalt,
und die Kälte wird immer schlimmer.
Du, ich lade dich ein:
„Komm doch zu mir herein,
und wir spielen im warmen Zimmer!"

Kalt, kalt, kalt,
es ist bitterkalt,
und der Schnee knirscht unter den Füßen.
Doch es friert und es schneit
nur noch ganze kurze Zeit,
und wir können den Frühling begrüßen.

Wir zeigen, wie kalt es im Winter ist, mummeln uns pantomimisch in warme Winterkleidung ein, hauchen die zugefrorenen Fenster an, zeigen mit den Händen, wie der Schnee fällt und stapfen durch den Schnee. Zum Schluß öffnen wir die Arme weit, um den Frühling zu begrüßen.

(Aus I. Lotz/R. Krenzer: Wir sind die Musikanten, Verlag Ernst Kaufmann, Lahr – Kösel-Verlag, München.)

Wenn es schneit Melodie: I. Lotz / Text: R. Krenzer

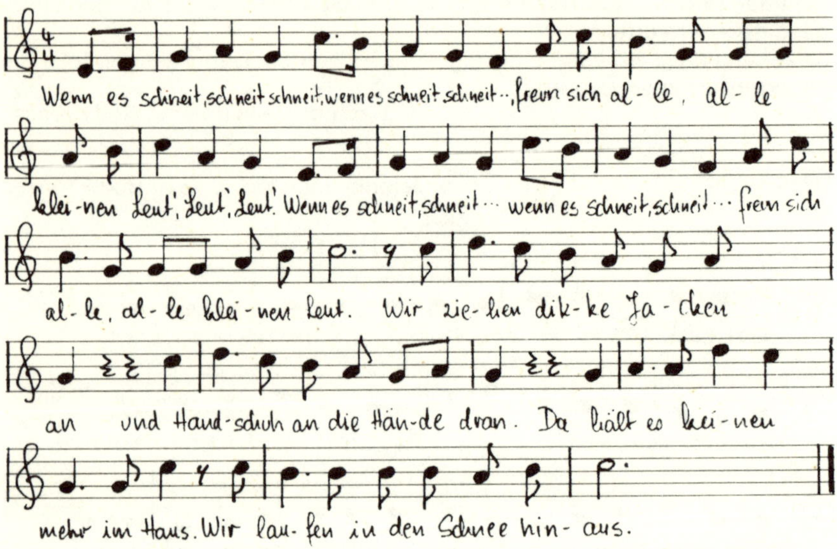

Wenn es schneit, schneit, schneit ...

Hier könnt ihr unsern Schlitten sehn,
Die Schlittenfahrt ist wunderschön.
Da hält es keinen mehr im Haus.
Wir laufen in den Schnee hinaus.

In unserm Garten hinterm Zaun,
dort wolln wir einen Schneemann baun.
Da hält es keinen mehr im Haus.
Wir laufen in den Schnee hinaus.

Und weil der Schnee so lustig macht,
gibt es jetzt eine Schneeballschlacht.
Da hält es keinen mehr im Haus.
Wir laufen in den Schnee hinaus.

Wir sitzen oder stehen im Kreis. Wenn wir singen, wird zu den einzelnen Strophen in kleinen Szenen dargestellt, daß Jacken und Handschuhe angezogen werden, daß wir mit dem Schlitten fahren, eine Schneeballschlacht austragen und gemeinsam einen Schneemann bauen.

(Aus I. Lotz/R. Krenzer: Mach mit uns Musik, Verlag Ernst Kaufmann, Lahr – Kösel Verlag, München)

A, a, a, der Winter, der ist da Volksgut

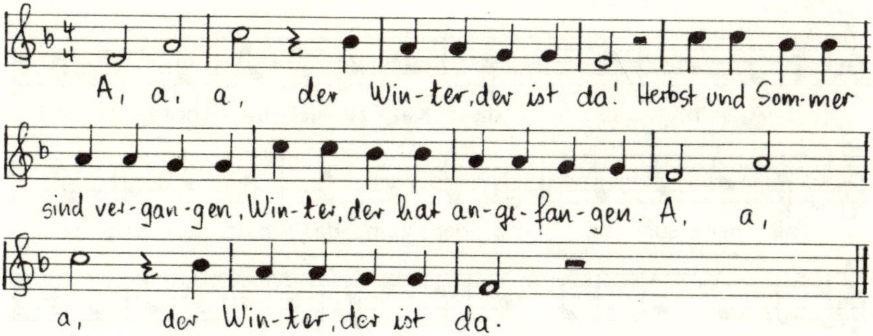

E, e, e, er bringt uns Eis und Schnee,
malt uns gar zum Zeitvertreib
Blumen an die Fensterscheiben.
E, e, e, er bringt uns Eis und Schnee.

I, i, i, vergiß die Armen nie!
Wenn du liegst in warmen Kissen,
denk an die, die frieren müssen!
I, i, i, vergiß die Armen nie.

O, o, o, wie sind die Kinder froh!
Sehen jede Nacht im Traume
sich schon unterm Weihnachts-
baume.
O, o, o, wie sind die Kinder froh!

U, u, u, jetzt weiß ich, was ich tu!
Hol den Schlitten aus dem Keller,
und dann geht es schnell und
schneller.
U, u, u, jetzt weiß ich, was ich tu!

Schneeflöckchen, Weißröckchen Volksgut

Komm, setz dich ans Fenster,
du lieblicher Stern,
malst Blumen und Blätter,
wir haben dich gern.

Schneeflöckchen, Weißröckchen,
komm zu uns ins Tal.
dann baun wir den Schneemann
und werfen den Ball.

Schneeflöckchen, du deckst
uns die Blümelein zu,
dann schlafen sie sicher
in himmlischer Ruh.

A, b, c, die Katze lief im Schnee Volksgut

A, b, c,
die Katze lief zur Höh!
Sie leckt' ihr kaltes Pfötchen rein
und putzt' sich auch die Stiefelein.
A, b, c,
und ging nicht mehr in'n Schnee.

In meinem kleinen Apfel Melodie: nach W. A. Mozart / Worte: volkstümlich

In jedem Stübchen wohnen
zwei Kernchen schwarz und fein
die liegen drin und träumen
vom lieben Sonnenschein

Sie träumen auch noch weiter
gar einen schönen Traum,
wie sie einst werden hängen
am lieben Weihnachtsbaum.

In Mutters Stübele Volksgut

Muß fast erfrieren jetzt vor lauter hm, hm, hm;
muß fast erfrieren jetzt vor lauter Wind.

Du nimmst den Bettelsack und ich den hm, hm, hm;
du nimmst den Bettelsack und ich den Korb.

Du kriegst ein Äpfelchen und ich ein' hm, hm, hm;
du kriegst ein Äpfelchen und ich ein' Birn.

Du sagst Vergelt es Gott, und ich sag hm, hm, hm;
du sagst Vergelt es Gott, und ich sag Dank.

Wir haben ein Futterhäuschen © Melodie: W. Vahrenkamp/Text: R. Krenzer

Wir haben ein Futterhäuschen.
Wir legen die Körner hinein
und laden in unser Häuschen
die hungrigen Vögel all ein.
Herbei, herbei, wer Hunger hat!
Herbei und ihr werdet all satt!
Herbei und ihr werdet all satt!

Wir haben ein Futterhäuschen.
Da fliegen die Vögel heran.
Sie picken die Körner im Häuschen
und stimmen ein Lied danach an.
Piep, piep, piep, piep, von hier und dort.
Piep, piep, und dann fliegen sie fort.

Neben den Liedern und Spielliedern sind es immer wieder Reime und Rätsel, die in der Adventszeit besonders ansprechen. Hier wird eine kleine Auswahl neuer und erprobter Angebote vorgestellt:

Fingerspiel vor Weihnachten

Volksgut

Das ist ein großer Tannenbaum
mit bunten Lichtern dran.
Da kommt der Weihnachtsmann
und steckt die Lichter an.
Das Glöcklein tönt ganz leis und sacht,
ruft alle, groß und klein.
Die Weihnachtstür wird aufgemacht:
„Ihr Kinder, kommt herein!"
Der Peter spielt Trompete dann,
taritaratara.
Und Dagmar wiegt ihr Püppchen dann.
Das Püppchen sagt: „Mama!"
Die Mutter ruft zum Weihnachtsschmaus:
„Wer bläst jetzt noch die Kerzen aus?"

Die linke Hand stellt den Tannenbaum dar, wobei die fünf Finger die Kerzen sind. Wenn der Weihnachtsmann kommt, scharren und tappen alle mit den Füßen. Bei dem „Glöckchen" werden die Hände gefaltet. Dabei wird der Mittelfinger nach innen durchgesteckt und wie ein Glockenschwengel hin und her bewegt. Das Trompetenspiel, das Öffnen der Weihnachtstür und das Puppenwiegen wird gestisch angedeutet. Zum Schluß werden die Kerzen ausgeblasen: Die Finger werden einzeln gezählt, angepustet, gebeugt, bis sie alle zu einer geschlossenen Faust verwandelt sind.

Der Wintersmann

Im Kindergarten entstanden

Es klopft bei unsrer Türe an.
Wer ist denn da?
Der Wintersmann!

Er ist gekommen über Nacht
und hat viel Eis und Schnee gebracht.
Lassen wir ihn ein?

O nein, o nein!
Sonst könnt' es gar im Zimmer schnei'n.

Er soll hübsch auf der Straße bleiben,
wir schauen durch die Fensterscheiben.

*

Pfeift der Wind durch alle Ritzen,
ist es gut beim Ofen sitzen.

Der Schneemann

Unbekannt

Guten Morgen, weißer Herr,
dick und schwer!
In unserem Garten stehn,
ist das nicht schön?
Schau'n Sie nur die Bäume an!
Im Sommer hängen Kirschen dran!

Ihr Hut, mein Herr, ist wirklich sonderbar;
ob er nicht einmal ein Kochtopf war?
Ihre Nase, spitz und gelb, lag sie nicht drüben
im Küchenkorb noch gestern bei den Rüben?

Ach, Ihre Pfeife gibt ja keinen Rauch!
Und Knöpfe fehlen an der Weste auch!
Welcher Schneider
hat ihre Kleider
über Nacht
so schön gemacht?

Ihr Wanderstecken ist famos!
Sie wollen mich fangen? Bitte! Los!

Der stille Riese rührt sich nicht;
was ist er doch für ein armer Wicht!
Die Spatzen gehen ohne Manieren
auf seinem Eisenhut spazieren.

Nun schmilzt er gar im Sonnenschein!
Ich möchte wirklich kein Schneemann sein!

Vogel am Fenster

An das Fenster klopft es: „Pick! Pick!
macht mir doch auf einen Augenblick.
Dick fällt der Schnee, der Wind geht kalt,
habe kein Futter, erfriere bald.

Liebe Leute, o laßt mich ein,
will auch immer recht artig sein."

Sie ließen ihn ein in seiner Not;
er suchte sich manches Krümchen Brot,
blieb fröhlich manche Woche da.
Doch als die Sonne durchs Fenster sah,
da saß er immer so traurig dort;
sie machten ihm auf: husch, war er fort!

Wilhelm Hey

Verschneit liegt rings die ganze Welt

Verscheint liegt rings die ganze Welt,
Ich hab nichts, was mich freuet,
Verlassen steht ein Baum im Feld,
Hat längst sein Laub verstreuet.

Der Wind nur geht bei stiller Nacht
Und rüttelt an dem Baume,
Da rührt er seine Wipfel sacht
Und redet wie im Traume.

Er träumt von künftger Frühlingszeit,
Von Grün und Quellenrauschen,
Wo er im neuen Blütenkleid
Zu Gottes Lob wird rauschen.

Joseph von Eichendorff

Vom Honigkuchenmann

Keine Pupe will ich haben –
Puppen gehn mich gar nichts an.
Was erfreun mich kann und laben,
Ist ein Honigkuchenmann,
So ein Mann mit Leib und Kleid,
Durch und durch von Süßigkeit.

Stattlicher als eine Puppe
Sieht ein Honigkerl sich an,
Eine ganze Puppengruppe
Mich nicht so erfreuen kann.
Aber seh ich recht dich an,
Dauerst du mich, lieber Mann.

Denn du bist zum Tod erkoren –
Bin ich dir auch noch so gut,
Ob du hast ein Bein verloren,
Ob das andre weh dir tut:
Armer Honigkuchenmann,
Hilft dir nichts, du mußt doch dran!

Heinrich Hoffmann von Fallersleben

Adventssprüche

1. Kerze: Jetzt ist Advent;
ein Lichtlein brennt
am grünen Kranz
im stillen Glanz.

2. Kerze: Ein zweites Licht
bringt neuen Schein
und stilles Glück
zu uns herein.

3\. Kerze: Nun leuchtet schlicht
ein drittes Licht,
vermehrt den Glanz
auf unserm Kranz.

4\. Kerze: Vier Lichter blühn
im Tannengrün;
ihr helles Licht
zu jedem spricht:
Es geht zu Ende der
Advent,
im Gnadenschein
kommt's Christkindlein.

*

Komm, du liebes Jesuskind,
mach den Himmel auf geschwind!

*

Lieb' Christkindlein,
kehr bei mir ein,
mein Herz mach rein,
laß gut mich sein!

Herr, laß mein Herz ein Lichtlein sein,
daß es brenn' für Dich allein;
o Maria, sei gegrüßt,
weil du Christkinds Mutter bist.

Zu Ende geht nun der Advent,
die vierte Kerze schon am Kranze brennt.
Damit die Freude in die Stube zieht,
singt, Kinder, jetzt ein Weihnachtslied.

Alle mündliche Überlieferung.

Klatschlied

Altes Kinderlied

Rätselraten im Advent

Zuerst mußt du dich sehr bemühen,
um mich den Berg hinauf zu ziehen.
Doch wenn du oben bist, mein Kind,
dann setz' dich auf mich ganz geschwind
und lenke gut. Wir fahren munter
zusammen dann den Berg hinunter.

(Schlitten)

Harte Schale,
süßer Kern.
Wer mich knackt,
der ißt mich gern.

(Nuß)

In der Vorweihnachtszeit
stehe ich auf dem Tisch.
Aus Zweigen geflochten.
Ich dufte so frisch.
Mit roten Bändern
bin ich geschmückt.
Von meinen Kerzen
ist jeder entzückt.
Zuerst brennt eine,
dann zwei, drei, vier.
Und dann steht das Christkind
vor der Tür.

(Adventskranz)

Am Abend in der Winterzeit
geh' ich von Haus zu Haus
und teile allen Kindern dann
die schönsten Sachen aus.
Ich habe einen schweren Sack
voll Plätzchen, süß und fein.
Ich klopfe laut an deine Tür
und komm' zu dir herein.

(Nikolaus)

Manchmal komme ich über Nacht.
Falle vom Himmel leis und sacht.
Die Dächer, Zäune, Kirchturmspitzen
bekommen dicke, weiße Mützen.
Da freun sich alle Kinder
und rufen: „Jetzt ist Winter!"
(Schnee)

Frieren See und Bäche zu,
schnall mich unter deine Schuh.
Ringsherum ist alles weiß.
Du fährst mit mir auf dem Eis.
Dieses Schlittern macht dich froh,
aber fall' nicht auf den Po.
Übers Eis da saus' ich dahin.
Rate, rate wer ich bin!
(Schlittschuhe)

Knack, knack,
eins, zwei, drei,
knacke ich die Nuß entzwei.
Knack, knack,
aus dem Haus
hole ich den Kern heraus.
Soll es glücken,
mußt du drücken.
Knack, knack,
hilf doch mit!
Wünsche: Guten Appetit!
(Nußknacker)

Süßer Teig wird angerührt,
und das Backblech eingeschmiert.
Kleine Kuchen, die laut knacken,
werden auf dem Blech gebacken.
Sind sie aus dem Ofen raus,
duftet gleich das ganze Haus.
(Weihnachtsplätzchen)

Ich bin ein grüner Baum,
steh' mitten in dem Raum,
trage Kugeln, Schmuck und Kerzen.
Wer mich sieht, freut sich von Herzen.
Jeder singt ein Weihnachtslied,
und du singst doch sicher mit.
(Weihnachtsbaum)

(Aus R. Krenzer/D. Domina: Nun rate, rate, wer ich bin – Ein Hausbuch mit einfachen Rätselreimen und Rätselbildern, Edition Kemper im Verlag Ernst Kaufmann, Lahr)

In der Luft, da fliegt sie,
auf der Erde liegt sie,
auf dem Baume sitzt sie,
in der Hand da schwitzt sie,
auf dem Ofen zerläuft sie,
im Wasser aber ersäuft sie.
Wer gut überlegt, der nennt sie.

(Schneeflocke)

Meine Hände schließen sich
um einen runden Ball.
Und denkt nur, dabei friere ich.
Was ist das? Ratet mal!

(Schneeball)

Draußen steht ein weißer Mann,
der sich niemals wärmen kann.
Wenn die Frühlingssonne scheint,
schwitzt der weiße Mann und weint;
er wird immer kleiner.
Sag, was ist das wohl für einer?

(Schneemann)

Fällt er vom Himmel im Winter
holen den Schlitten die Kinder,
und wenn er wieder zerrinnt,
dann wird es Frühling, mein Kind.

(Schnee)

Er ist ein Freund der Kinder,
kommt immer nur im Winter,
trägt schweres auf dem Rücken,
sie zu beglücken.

(Nikolaus)

Welcher Mann steht im Garten und weint,
wenn hell und warm die Sonne scheint?

(Schneemann)

Kinder, kommt und ratet,
was im Ofen bratet!
Hört, wie's knallt und zischt.
Bald wird er aufgetischt,
der Zipfel, der Zapfel,
der Kipfel, der Kapfel,
der gelbrote Apfel.

Kinder, lauft schneller,
holt einen Teller,
holt eine Gabel!
Sperrt auf den Schnabel
für den Zipfel, den Zapfel,
den Kipfel, den Kapfel,
den goldbraunen Apfel!

Sie pusten und prusten,
sie gucken und schlucken,
sie schnalzen und schmecken,
sie lecken und schlecken
den Zipfel, den Zapfel,
den Kipfel, den Kapfel,
den knusprigen Apfel.

(Bratapfel)

Ich kenne ein Bäumchen
gar fein und zart,
das trägt viele Früchte
seltener Art.
Es funkelt und leuchtet
mit hellem Schein
weit in des Winters
Nacht hinein.
Das sehen die Kinder
und freuen sich sehr
und pflücken vom Bäumchen
und pflücken es leer.

(Weihnachtsbaum)

Morgens weiß und mittags naß.
Rate mal, was ist das?

(Schnee)

Was ist das?
Wenn es regnet, wird es naß,
wenn es schneit, wird es weiß,
wenn es friert, wird es Eis.

(Wasser)

Es ist wie Milch so weiß,
es ist so kalt wie Eis,
es ist wie Flaum so lind
und fliegt wie Staub im Wind.
Was ist das wohl, mein Kind!

(Schneeflocke)

Es schnaubt und heult das Tal herauf
und hat doch keine Lunge.
Es leckt den Schnee wie Butter auf
und hat doch keine Zunge.

(Wind, Tauwind)

(Alle Volksgut, überliefert).

Adventliches Basteln

Gerade in der Adventszeit besteht eine besondere Motivation, kleinere Bastelarbeiten herzustellen, die dann zu Weihnachten verschenkt werden können. Aus der Vielzahl der Möglichkeiten werden hier nur einige wenige angeboten, die sich direkt auf die Vorweihnachtszeit im Kindergarten beziehen und auch dort von dem einzelnen Kind benutzt werden können, ebenfalls kleine Dinge, die die ganze Gruppe miteinbeziehen.

Barbara-Zweige

Der 4. Dezember ist der Tag der Heiligen Barbara. Weil sie eine Christin wurde, ließ sie ihr heidnischer Vater töten. Sie wurde später die Schutzpatronin der Bergleute und gehört zu den vierzehn Nothelfern. Nach altem Brauch werden an diesem Tag Kirschblütenzweige in einer Vase mit frischem Wasser in das warme Zimmer gestellt. Solche Barbarazweige kann man in jeder Gärtnerei kaufen. Weil sich viele Bllüten bereits im Herbst entwickeln, sind sie unter einer klebrigen Knospe den Winter über vor dem Frost geschützt. Wenn sie dann an die Zimmertemperatur gewöhnt sind und immer wieder frisches Wasser erhalten, beginnen sie zum Weihnachtsfest – manchmal auch schon früher – zu blühen. Man kann auch Zweige aus dem eigenen Garten abbrechen, muß sie aber vorher zunächst für ein paar Tage in ein frostfreies Zimmer, dann in einen nicht überheizten Raum, vor allem nicht auf die Heizung stellen, weil sonst die Zweige vertrocknen.
Es müssen nicht unbedingt Kirschblütenzweige sein. Manchem gelingt es auch, Flieder, Apfelbaumzweige oder Haselnußzweige zum Blühen zu bringen. Man kann Barbara-Zweige auch mit Tannenzweigen in eine große Bodenvase stecken.

Schwarzrettich-Grün im Dezember

Wir schneiden von einem Schwarzrettich (Winterrettich) den oberen Teil mit mit dem Grün ab, lassen aber die Wurzel unberührt. Dann höhlen wir ihn aus, so daß noch eine ca. eineinhalb cm dicke Wand bestehen bleibt. Durch zwei dünne Löcher, die wir in den Rand bohren, ziehen wir einen Bindfaden, so daß wir den Rettich aufhängen können. Nun wird er vorsichtig mit Wasser und Zucker gefüllt, danach recht hoch aufgehängt. Später muß man ab und zu einmal umrühren, damit sich Zucker und Wasser richtig vermischen. Schon nach kurzer Zeit beginnt der Rettich, wieder Grün auszuschlagen, so daß er wie ein Blumentopf wirkt, aus dem nach oben erneut grüne Blätter wachsen. Und noch etwas: Das Zuckerwasser kann teelöffelweise als naturfrischer Hustensaft genommen werden, der zudem noch sehr gut schmeckt.

Weihnachtsteller

Wir brauchen Porzellanteller, Zeitungspapier, Tapetenkleister, Plaka-Farben, Lack und Pinsel.

Zunächst zerreißen wir das Zeitungspapier in kleine Fetzen. Danach legen wir die Porzellanteller mit einer Lage Zeitungspapier aus. Wir streichen die Zeitungsfetzen mit Tapetenkleister ein und verteilen mehrere Lagen Zeitungspapierfetzen gleichmäßig in den Teller und kleben sie auf die Lage aus unzerrissenem Zeitungspapier fest. Das Papier muß gut angedrückt werden, damit die Form des Tellers gewahrt bleibt. Nun warten wir, bis die Papierlagen getrocknet sind. Dann stürzen wir die Form aus dem Teller und lassen sie nochmals gut trocknen.
Wenn der Teller trocken ist, wird er mit Plaka-Farben bunt bemalt. Um den Teller dauerhafter zu gestalten, wird er nach dem Trocknen der Farbe noch lakkiert. Man kann auch vor dem Lackieren noch bunte Weihnachtsmuster auf den Teller kleben. Der Weihnachtsteller kann für Plätzchen auf dem Tisch, aber auch als Wandschmuck verwendet werden.

Bunter Zimmer- oder Weihnachtsschmuck

Aus Kerzenresten, die wir das ganze Jahr über gesammelt haben, läßt sich bunter Wachsschmuck herstellen. Das Wachs wird erhitzt und dann auf einer Unterlage in kleine Plätzchenformen gegossen. Wenn es sich abgekühlt hat, werden die Formen vorsichtig entfernt. Mit einer Nadel wird ein Faden befestigt, so daß man die bunten Sterne, Äpfel, Vögelchen, Pilze usw. aus farbigem Wachs aufhängen kann.

Spanschachteln, bunt bemalt

Spanschachteln sind in unterschiedlichen Größen in jedem Kaufhaus oder in Hobbygeschäften erhältlich.

Man kann sie mit bunten Papiermustern bekleben. Auch kleine farbige Zeichnungen (Filzstifte, Buntstifte, Wasserfarben) können direkt auf die Spanschachtel aufgetragen werden. Wer etwas ängstlich ist und fürchtet, die Spanschachtel zu verschmieren, kann auch das Bild und das Muster zunächst auf ein Stück Papier zeichnen und dann mit einem Kohlepapier auf die Schachtel übertragen. Anschließend werden die Konturen ausgemalt. Wenn die Farben gut getrocknet sind, werden sie noch mit farblosem Lack überzogen, damit die kleine Schachtel griffest ist.
Aus diesen Spanschachteln kann man einen richtigen Adventskalender basteln. Man kann sie auch mit Bonbons oder sonstigen Kleinigkeiten füllen und als Geschenk überreichen. Man kann auch leere Walnußhälften (eventuell mit Gold- oder Silber-Plaka-Farben angemalt) auf den Deckel der Schachtel kleben.

Weihnachts-Glasmosaik

Kleine Glasstücke werden mit Plaka-Farben auf einer Seite bunt bemalt. Wenn die Farbe getrocknet ist, werden sie mit Bastelkleber auf eine Holzfaserplatte oder auf Sperrholz festgeklebt. Zum Ausfugen eignen sich Tonal oder Bastelkleber am besten, weil diese durchsichtig auftrocknen. Als Motive können angeboten werden: Gelber Weihnachtsstern auf blauem Hintergrund, Kerze, Weihnachtszweig, Weihnachtsbaum, Schneemann usw., aber auch ganz individuelle Muster.
Wenn man die Mosaiksteine aus Glas mit Deckfarbe, die mit Bastelkleber gemischt wurde, anmalt, trocknet der Bastelkleber durchsichtig auf, so daß später das Licht durch die farbig getönten Glassplitter fällt. Sie werden nun auf eine Glasplatte mit Bastelkleber geklebt, die später am Fenster aufgestellt oder vor ein Fenster gehängt werden kann.

Alte Kleiderbügel, neu bemalt

Zunächst werden mit Schmirgelpapier alte Farbreste entfernt. Dann wird mit Plaka- oder Deckfarben ein farbiger Untergrund gestrichen, auf den, wenn er getrocknet ist, mit einem spitzen Pinsel oder mit Filzstiften bunte Verzierungen gemalt werden.
Um den Bügel griff- und wischfest zu machen, wird er später noch mit klarem Lack überzogen. Er kann auch als Kleiderbügel-Adventskalender eingesetzt werden (siehe Seite 44).

Ereigniskalender zum Advent

In der Adventszeit bleiben emotionale Erlebnisse besonders eindrücklich haften. Jeder Tag bietet gerade jetzt besondere Ereignisse an, die in einem „Ereignis-Kalender" festgehalten werden können. Dieser Kalender ist nichts anderes als eine große Korkplatte (eventuell in der Form eines Tannenbaumes gestaltet oder mit Tannenzweigen besteckt), auf der jeden Tag ein be-

sonderes Ereignis festgehalten wird. Die entsprechenden Bilder dazu können von den Kindern selbst gestaltet werden. Eine weitere Möglichkeit bietet eine Sofortbild-Kamera, die es ermöglicht, besonders interessante Szenen im Tagesablauf direkt auf das Bild zu bannen und an der Tafel anzuheften. Aber auch selbstgebackene Plätzchen, ein Muster von hergestellten Bastelarbeiten, Weihnachtspapier usw. können den Ereigniskalender schmücken. Ebenfalls können Bilder zu den Geschichten, die man gemeinsam gehört hat, dazugeheftet werden.
Auf unserem Advents-Ereigniskalender findet man: Fotos vom Besuch des Weihnachtsmarktes, vom Besuch des Nikolauses, von gemeinsamen Spielen im Zimmer, vom Tummeln im Schnee, von den Vorbereitungen für die Weihnachtsfeier, daneben Kinderzeichnungen zu Märchen und Geschichten, eine Nikolausmütze, einen Stiefel, ein Kerzenmosaik aus buntem Glas, einen großen Strohstern und Bilder zur Weihnachtsgeschichte, die der Mappe „Bilder und Geschichten von Jesus" (Hirschgraben, Frankfurt/Main) entnommen sind.

Nikolaustag

Wie der Heilige Martin ist der Nikolaus ein Vorbild christlicher Nächstenliebe und kündete durch seine Güte, Hilfsbereitschaft und Menschenfreundlichkeit so überzeugend von der Barmherzigkeit und Liebe Gottes, daß die Legenden von seinen guten Taten bis heute immer wieder erzählt werden und er selbst persönlich in Erscheinung tritt und mit vielen Liedern besungen wird.
Der 6. Dezember war der Todestag des Bischofs Nikolaus von Myra, der als besonders kinderlieb verehrt wurde. Nach der damaligen Anschauung gehörte zur liebevollen Kindererziehung aber auch die Bestrafung von Unartigkeiten. So wird von dem Heiligen Nikolaus in der Legende berichtet, daß er oft abends, wenn es anfing, dunkel zu werden, durch die Straßen ging. Sein Begleiter war der Knecht Ruprecht, der ebenfalls in viele Geschichten eingegangen ist. Der Nikolaus sah dann durch die Fenster in die verschiedenen Wohnungen hinein und überprüfte, ob die Kinder artig waren. Oft erhielten dann die Kinder ein Geschenk von ihm. Erlebte er aber, daß Kinder unartig waren, dann schickte er sogleich den Knecht Ruprecht hinein, der mit der Rute für „Ruhe und Ordnung" sorgte. Interessant ist dabei, daß der Heilige Nikolaus meistens nicht selbst strafte, sondern dafür seine Leute hatte. Er blieb vorwiegend derjenige, der nur artigen Kindern Geschenke verteilte.
Nikolaus von Myra (von Bari) ist als Bischof von Myra in Lykien (Kleinasien, in der heutigen Türkei) um 350 gestorben. 1087 zerbrachen Piraten den Sarkophag in der Kirche von Myra (es heißt heute Demre) und stahlen seine Gebeine. Sie wurden nach Bari gebracht, wo eine Grabkirche errichtet wurde. Bis zum heutigen Tag stellen sie hier in Apulien einen besonderen Wallfahrtsort

dar, der besonders von Müttern mit kleinen Kindern aufgesucht wird, die im Gebet ihre Kinder dem Schutz des Heiligen Nikolauses anvertrauen wollen. Daß der Nikolaus, obwohl er immer als der kinderliebe Heilige verehrt wird, dennoch eine Rute trägt, wird durch eine alte Überlieferung verdeutlicht, nach der er mit eigener Hand einen aufsässigen Prior mit der Rute bestraft hat, der nicht zu Ehren des Bischofs singen lassen wollte. Bis zum heutigen Tag hat sich die Drohung mit der Rute, wenn auch zum Teil abgeschwächt auf den Knecht Ruprecht oder Krampus, der immer schwarzgekleidet ist und einen Sack und eine Rute trägt, erhalten. Sogar viele Süßigkeiten werden in den Kaufhäusern, auf „Ruten" angeklebt, angeboten.
In Holland hat sich die Figur des Knecht Ruprecht unter dem Namen „Swarter Pieter" (Schwarzer Peter) erhalten, der den Kindern, die nicht besonders brav waren, ein Stück Kohle aus seinem Sack gibt. Dieses Stück Kohle stellt allerdings eine schwarze Leckerei dar, so daß den Kindern dadurch auch die Angst vor dem Swarten Pieter genommen wird. Der Swarte Pieter heißt am Niederrhein Zinterklas und in Österreich Rußmärtel oder Krampus.
Der Nikolaus selbst wurde mit seinem Konterfei in der Vorweihnachtszeit auf zahlreichem Weihnachtsgebäck verewigt, z. B. mit seiner Bischofsmütze. Weil ein Bischof den lateinischen Namen „speculatius" (= Aufseher) trug, erhielt auch das entsprechende Gebäck diesen Namen und trägt ihn bis zum heutigen Tag.

Die Gestalt des Knecht Ruprecht soll aus der germanischen Sage stammen. Und zwar soll er am 21. Dezember mit Sack und Rute durch die Dörfer gezogen sein und die bösen Kinder bestraft haben. Hierher rührt auch die Überlieferung, daß im schlimmsten Falle Kinder von ihm in den mitgeführten Sack gesteckt und abtransportiert wurden.
Ein heidnischer Spukgeist also, der erst im Laufe der Jahrhunderte zum gehorsamen poltrigen Gefolgsmann des Heiligen Nikolaus wurde.
Damit wurde auch der heidnische Tag des strafenden Knechts Ruprecht auf den Tag des gütigen Nikolaus verlegt, so daß auch versucht wurde, beide auf eine Person zu vereinigen.
Im vorigen Jahrhundert entstand aus solchen Überlegungen die Gestalt des Weihnachtsmannes, der erst am Heiligen Abend kommt, belohnt und straft und so etwas wie einen gerechten Richter zwischen dem Guten und Bösen darstellt.

Zahlreiche Darstellungen des frühen und späteren Mittelalters machen deutlich, daß die Legenden von dem Heiligen Nikolaus in Europa und Rußland weit verbreitet waren. Häufig steht neben der Gestalt des Heiligen Nikolaus ein Bottich mit drei nackten Knaben. Nach der Legende sollen sie von einem bösen Wirt zerstückelt und von dem Heiligen Nikolaus wieder zum Leben erweckt worden sein. Ein Motiv, das sich auch in zahlreichen Märchen wiederfindet.

In manchen Gegenden kommt der Nikolaus am Abend des 5. Dezembers persönlich, in anderen Gegenden erst am 6. Dezember. Vielfach legt er auch in der Nacht vom 5. zum 6. Dezember etwas in extra hierfür aufgestellte Schu-

he und Stiefel, oder er stellt einen gefüllten Weihnachtsteller irgendwo in der Wohnung ab.
Unsere Zeit hat den liebenswürdigen Brauch beibehalten, wobei aber der strafende Nikolaus bzw. Knecht Ruprecht immer mehr in den Hintergrund rückt, dafür die versöhnliche, liebenswerte Gestalt des alten Mannes, der aus dem Wald kommt und die Kinder beschenkt, stärker in den Vordergrund tritt, wenn es auch einige Unbelehrbare immer noch nicht lassen können, Kindern mit dem Nikolaus zu drohen und damit Angst und Schrecken verbreiten können.

Der Nikolaus im Kindergarten

In jedem Fall geht es darum, die liebenswerte Gestalt des Nikolaus den Kindern zu vermitteln und darum, daß seine märchenhafte Figur erhalten bleibt, daß aber das Kind sein „Geheimnis" erkennt und vor allem keine Angst vor dieser Figur haben soll. So steht das Nikolausspielen der Kinder oft im Mittelpunkt, ebenso Geschichten und Märchen, in denen vom Nikolaus erzählt wird, aber auch die Legenden vom Heiligen Nikolaus. Der Nikolaus ist eine Figur, die in die Vorweihnachtszeit hineingehört, die einen Vorgeschmack auf Weihnachten gibt und gerade bei Kindergartenkindern auf starke Sympathie stößt (wenn nicht durch unbedachte und falsche Äußerungen Erwachsener hier bereits Angst gemacht worden ist). Das kleine Nikolausgeschenk (ein Bonbon, ein Lebkuchenherz oder ein Riegel Schokolade usw.) wird als besondere Köstlichkeit empfunden. Wenn der Nikolaus persönlich im Kindergarten erscheint, muß vor allem darauf geachtet werden, daß er als liebenswerte und liebenswürdige Gestalt vor die Kinder tritt, vor der man keine Angst zu haben braucht, sondern die man gern haben kann.
Andere Möglichkeiten:

- Wir singen und spielen Nikolauslieder, zu denen wir uns mit wenigen Utensilien als „Nikolaus" verkleiden können.
- Jeder darf sich einmal als Nikolaus verkleiden.
- Wir verkleiden uns als Nikolaus und besuchen eine andere Gruppe.
- Wir verpacken kleine Nikolausgeschenke und legen sie heimlich auf den Platz derjenigen, denen wir etwas schenken möchten.
- Wir stellen eine Geschichte vom Nikolaus in einem kleinen Rollenspiel dar.

Dadurch erfährt das Kind, daß der Nikolaus als Vorbote des Weihnachtsfestes regelmäßig erscheint. Es lernt, daß der Nikolaus, der im Kindergarten erscheint, ein verkleideter gewöhnlicher Mensch ist. Es kann Erfahrungen sammeln, wie es ist, wenn man selbst in die Rolle schlüpft. Es erfährt, daß man am Nikolaustag Freude bereiten und Freude erfahren kann.

Geschichten und Legenden vom Heiligen Nikolaus

Nikolaus hilft in der Hungersnot

Der Heilige Nikolaus lebte vor vielen Jahren. Er war ein Pfarrer, ein Bischof. Er hatte Jesus lieb. Deshalb liebte er auch die Menschen, die in Not waren. Er half ihnen nach besten Kräften. Es gibt viele Geschichten vom Bischof Nikolaus. Sie heißen Legenden. Es wird erzählt, daß in der Stadt Myra große Not herrschte. Das Jahr über hatte es so viel geregnet, daß die ganze Ernte verdorben war. So konnten die Bauern kein Getreide ernten. Die Müller konnten kein Mehl mahlen. Und die Bäcker konnten kein Brot backen. Die Geschäfte waren leer. Die Kinder weinten vor Hunger. In Myra herrschte eine schwere Hungersnot. „Gott hat uns verlassen!" sagten die Menschen. Doch der Bischof Nikolaus tröstete sie. „Betet!" sagte er. „Gott wird uns bestimmt helfen!" Und wirklich, eines Tages legte ein großes Schiff im Hafen an, das hoch beladen mit Korn war. Von diesem Korn konnten alle satt werden. Die Menschen liefen zu dem Schiff und bettelten um das Korn. Sie wollten viel Geld dafür bezahlen. Doch die Seeleute waren nicht bereit, ihnen das Korn zu überlassen. Sie fürchteten sich vor dem Eigentümer des Schiffes, zu dem sie das Korn bringen sollten. „Unser Herr wird meinen, wir hätten ihn bestohlen!" sagten sie. „Er wird uns schwer bestrafen!" Da ging der Bischof Nikolaus selbst zu den Seeleuten und bat um das Korn. Er sagte: „Helft den armen Menschen. Wenn ihr uns ein paar Säcke Korn abgebt, braucht ihr keine Angst zu haben. Wenn ihr zu dem Eigentümer eures Schiffes kommt, wird euch nicht ein einziges Korn fehlen!" Weil der Bischof so überzeugend mit ihnen sprach, glaubten sie ihm schließlich. Sie schleppten viele Kornsäcke vom Schiff herunter und schenkten sie den Leuten. Bischof Nikolaus sorgte dafür, daß das Mehl gemahlen wurde, daß Brot gebacken werden konnte und jeder seinen gerechten Teil erhielt. Alle aßen und wurden satt. Als die Seeleute aber später zu dem Eigentümer des Schiffes kamen, stellten sie fest, daß nicht ein einziges Korn aus ihrer Ladung fehlte. Bischof Nikolaus hatte sie nicht belogen.

Die drei Säcke

Weil der Heilige Nikolaus vielen Menschen in ihrer Not half, nennen wir ihn heute noch einen „Nothelfer".

Einmal half er einem armen Mann und seinen Kindern. Der Mann war so krank, daß er nicht arbeiten konnte. Und die Frau war gestorben. Da hatten die Leute nichts zum Essen und nichts zum Anziehen. Doch eines Morgens stand ein großer Sack vor der Tür. Als die Kinder den Sack öffneten, fanden sie Mehl und Brot. Da brauchten sie nicht mehr zu hungern. Am nächsten Morgen stand wieder ein Sack vor der Tür. Als die Kinder den Sack öffneten, fanden sie Hosen und Jacken, Pullover und Hemden. „Bestimmt hat uns der

Freund Nikolaus geholfen!" sagte der Mann. „Wir wollen heute abend gut aufpassen. Vielleicht kommt er noch einmal zu uns. Dann können wir ihm für alles danken!" Sie warteten so lange, bis ihnen die Augen zufielen. Der Vater versuchte, wach zu bleiben. Aber er wurde auch immer müder. Da hörte er plötzlich ein Geräusch vor der Tür. Er sprang auf und lief hinaus. Auf der Straße sah er einen Mann davongehen. Der kranke Mann lief ihm so schnell nach, daß er ihn noch erreichte. Er erkannte den Bischof Nikolaus und dankte ihm von ganzem Herzen. Doch der Bischof sagte freundlich: „Es ist schon gut! Gehe schnell zurück nach Hause, denn es ist kalt. Du willst doch bald wieder gesund werden!" Dann ging er schnell weiter. Als der Mann zurückkam, stand wieder ein Sack vor der Tür. Der Mann weckte seine Kinder. Sie öffneten den Sack und fanden Schuhe darin, so daß sie nicht mehr barfuß laufen mußten. Als sie die Schuhe aber anziehen wollten, merkten sie, daß in den Schuhen Spielzeug steckte. Weil sie so arm waren, hatten sie noch nie Spielzeug geschenkt bekommen. Deshalb freuten sie sich sehr!

© (Neu erzählt von Rolf Krenzer)

Der vergoldete Apfel

Einmal lebte ein Mann. Dem war seine Frau gestorben. Er hatte drei Töchter. Ihm ging es sehr schlecht. Er hatte keine Arbeit und mußte deshalb das, was er für sich und seine Töchter benötigte, von anderen borgen. Weil er aber über lange Zeit keine Arbeit fand, konnte er denen, die ihm etwas geborgt hatten, nichts zurückgeben. So hatte er viele Schulden. Mit der Zeit ärgerten sich die Leute, von denen er etwas geborgt hatte, über ihn und verlangten viel Geld von ihm zurück. Als er ihnen aber nichts zurückzahlen konnte, verlangten sie: „Dann mußt du deine älteste Tochter verkaufen. Sie kann als Dienerin zu einem reichen Mann gehen und dort für ihn arbeiten. Er kauft sie dir ab, und sie gehört ihm!" Da weinte der arme Mann, weil er seine Töchter so lieb hatte und niemals eine verkaufen wollte. Doch die Polizisten, denen die Leute die Sache gemeldet hatten, sagten: „Wenn du morgen deine Schulden nicht zurückzahlen kannst, werden wir dich ins Gefängnis sperren und deine Tochter wird verkauft!" Als der arme Mann seinen Töchtern alles erzählte, weinten sie sehr und gingen traurig schlafen.

Zufällig aber erfuhr der Bishof Nikolaus von dem armen Mann und von dem, was mit ihm und seiner ältesten Tochter geschehen sollte. Nikolaus hatte vor langer Zeit vom Kaiser einen vergoldeten Apfel geschenkt bekommen. Dieser Apfel war rundherum mit kostbaren Edelsteinen besetzt. So nahm Nikolaus den Apfel und schlich in der Nacht heimlich zu der Wohnung des armen Mannes. Er stieß ganz vorsichtig das Fenster auf und legte den wertvollen Apfel heimlich auf die Fensterbank. Dann ging er mit leisen Schritten wieder nach Hause zurück. Am nächsten Morgen entdeckte die jüngste Tochter den kostbaren Apfel auf der Fensterbank. Sie weckte sogleich den Vater und ihre beiden Schwestern. „Uns hat bestimmt der Nikolaus geholfen!" rief sie überglücklich. So konnte der arme Mann all seine Schulden mit dem vergoldeten Apfel bezahlen. Er brauchte nicht ins Gefängnis zu gehen, und seine Tochter brauchte nicht verkauft zu werden.

© (Neu erzählt von Rolf Krenzer)

Uwe spielt Nikolaus

Einmal fand Uwe eine Nikolausmaske im Kleiderschrank seiner Eltern. Und weil bald Weihnachten war, nahm sich Uwe vor, einmal selbst Nikolaus zu spielen.
An diesem Abend sollte es schon sein. Uwe konnte kaum erwarten, daß es draußen dunkel wurde und daß seine Eltern und Lilo und Pedro zu Hause waren. Na, denen wollte er es zeigen! Richtige Angst sollten sie vor ihm bekommen! Beim Abendessen beeilte sich Uwe sehr. Dann sagte er: „Ich muß mal!" Und blitzschnell war er aus der Tür gehuscht. Er rannte zum Kleiderschrank und öffnete die Tür. Zuerst holte er den Pelzmantel heraus, der seiner Mutter gehörte. Er zog ihn sogleich an und suchte dann nach Vaters Winterstiefeln. Natürlich brauchte er auch Vaters dicke Wollhandschuhe. Als er alles angezogen hatte, holte er ganz vorsichtig die Nikolausmaske aus dem Schrank und setzte sie sich vor sein Gesicht. Dann stülpte er noch Pedros rote Pudelmütze darüber. So, jetzt werden sie wohl Angst vor mir haben! dachte Uwe. Er wollte sich aber zuerst doch noch lieber überzeugen, wie er wirklich aussah. Deshalb klappte er die andere Tür des Kleiderschrankes auf, an der sich der große Spiegel befand. Kaum aber sah er in den Spiegel, da erschrak er ganz fürchterlich. Da stand doch vor ihm der richtige Nikolaus und blickte ihn böse an. „Mutti! Mutti!" schrie Uwe und begann vor Angst zu schwitzen. Er plärrte so laut und durchdringend, daß alle aus der Küche herbeigelaufen kamen: der Vater, die Mutter, Lilo und Pedro. „Der Nikolaus ist da!" jammerte Uwe. „Und ich habe solche Angst!" Da fing zuerst der Vater an zu lachen, und dann die Mutter. Und Pedro und Lilo lachten am lautesten. „Bestimmt wollte er uns erschrecken!" lachte Lilo. „Und dann hat er vor sich selber Angst bekommen!" Die Mutter aber zog Uwe die Pudelmütze und die Maske vom Gesicht. Und da gab es plötzlich im Spiegel keinen Nikolaus mehr. Nur noch Uwe. Und der hatte Mutters Pelzmantel an und Vaters Stiefel und Handschuhe. Und dieser Uwe mußte jetzt auch lachen. Und er lachte noch lauter als Lilo und Pedro.

Ich ging noch nicht zur Schule, da schickte mir mein Vater in einem Feldpostpäckchen aus Rußland ein Märchenbuch zum Nikolaustag. Roswitha Klob hatte unter dem Titel „Der Luftballon und andere Märchen" irgendwann vor langer Zeit dieses Buch für den „Ostmärkischen Landesverlag für Unterricht, Wissenschaft und Kunst in Wien" verfaßt. Das Buch ist längst verschwunden. Ich habe damals daraus die Geschichte vom Knecht Ruprecht vorgelesen bekommen und habe sie und viele andere Märchen aus diesem Buch immer wieder gelesen und später vorgelesen. Das Buch zerblätterte immer mehr, und an eine andere Ausgabe war nicht mehr heranzukommen. Weil diese Märchen trotz aller historischen Patina Kinder immer noch begeistern können, sollen hier wenigstens drei dieser Märchen angeboten werden. Das Märchen vom Knecht Ruprecht an dieser Stelle, die Märchen „Schneemanns Weihnachten" und „Das Wolkenkätzchen" unter den Weihnachtsgeschichten, Seite 109 ff.

Knecht Ruprecht

Es war der Abend, an dem Knecht Ruprecht kommen sollte. Draußen war es kalt, und auf Wiesen, Wegen, Bäumen und Dächern lag hoch der Schnee. Im warmen Stübchen, im Häuschen am Waldrand, saß Klein-Liesl auf der Ofenbank und putzte ihre Schuhe. Sie dachte an Knecht Ruprecht und fuhr immer wieder mit dem Lappen darüber und konnte sie gar nicht blank genug kriegen.
Aber schließlich glänzten sie so fein, daß Liesl meinte: „Knecht Ruprecht wird sicher zufrieden sein und mir gute Sachen hineinstecken."
Sie stellte die Schuhe an das Fenster, lehnte ihr Köpfchen gegen die Scheibe und guckte hinaus. Der Himmel war grau, und langsam fielen große Flocken zur Erde.
Liesl spähte gegen den Wald. Von dort mußte doch Knecht Ruprecht kommen! Sie schaute und schaute, aber er kam nicht. Sie konnte es kaum mehr erwarten. Warum er wohl so lange ausblieb? Wenn sie ihm entgegenginge? Vielleicht würde sie ihn im Walde treffen und sie könnte ihn dann bis zum Haus begleiten.
Noch einmal schaute sie hinaus, aber als sie ihn nicht kommen sah, nahm sie ihren Mantel und ihre Mütze und huschte leise zur Tür hinaus, ganz leise, damit die Mutter sie nicht hören sollte. Liesl wußte gut, daß Kinder nicht so ungeduldig sein dürfen, aber sie hätte Knecht Ruprecht doch schon so gerne gesehen.
Draußen war es kalt. Liesl wickelte sich fest in ihren Mantel und zog die Mütze über die Ohren. Langsam schritt sie über die harte weiße Schneedecke und freute sich bei jedem Schritt, wie der Schnee unter ihren Schuhen knarrte. Bei jedem Knarren meinte sie, die schweren Schritte Knecht Ruprechts zu hören. Doch als er noch immer nicht kam, begann sie schneller und schneller zu gehen. So kam sie immer tiefer in den Wald, aber Knecht Ruprecht traf sie nicht. „Vielleicht ist er einen anderen Weg gegangen", dachte sie, aber sie lief doch weiter und lief und lief, bis die Nacht hereinbrach und es dunkel wurde.
Als sie den Weg kaum mehr sehen konnte, blieb sie stehen und meinte: „Er wird eben doch nicht hier gegangen sein. Ich werde jetzt nach Hause zurückkehren, damit ich rechtzeitig daheim bin, wenn er zu uns kommt."
Aber sie fand den Weg nicht mehr. Es schneite immer dichter und wurde immer dunkler. Liesl irrte im Walde umher, sank tief in den Schnee ein und konnte zuletzt vor Müdigkeit nicht mehr weiter. Da setzte sie sich in den Schnee und weinte bitterlich.

Knecht Ruprecht ging gerade durch den Wald mit dem schweren Sack auf dem Rücken, in dem er alle möglichen guten Sachen für die lieben Kinder hatte, als er ein leises Weinen hörte. Er blieb stehen und lauschte. Wer konnte denn jetzt so spät am Abend des fünften Dezember im Walde sein und weinen? Langsam ging er vorwärts, bis er vor Liesl stand, die zusammengekauert am Wege saß.
„He!" rief er und stieß sie ein wenig mit dem Finger an. „Was tust du, kleines Mädel, denn hier? Du solltest doch heute zu Hause bei deiner Mutter sein."
Liesl erschrak und schaute auf. Als sie das freundliche, liebe Gesicht Knecht Ruprechts sah, fürchtete sie sich gar nicht mehr und sagte: „Bitte, lieber Knecht Ruprecht, sei nicht böse! Ich wollte dir bloß ein wenig entgegengehen und da ist es auf einmal so dunkel geworden, daß ich nicht mehr zurückfand."

„Hm, hm", meinte Knecht Ruprecht. „Da ist wahrscheinlich die kleine Liesl ungeduldig gewesen und hat nicht erwarten können, bis ich ihr die guten Äpfel und Nüsse bringe."
„Ach, lieber Knecht Ruprecht, ich will es gewiß nicht wieder tun."
„Nun ja", sagte Knecht Ruprecht. „Wir werden ja sehen. Aber vor allem komm jetzt mit mir. Deine Nase ist schon ganz rot gefroren. Sei froh, wenn du bei dieser Geschichte keinen Schnupfen erwischt hast."
Er beugte sich zu dem Kind nieder und hob es auf. „Deine Mutter wird sich auch schon um dich ängstigen", sagte er, öffnete seinen Sack, steckte Liesl zu den Äpfeln, Nüssen und Zuckersachen und meinte: „Da drinnen hast du es wenigstens warm." Er band den Sack wieder zu, schulterte ihn und schritt langsam durch den Wald dem Hause zu.
Die Mutter hatte Liesl unterdessen überall gesucht. Sie war um das Haus herumgelaufen, war ein Stückchen in den Wald hineingegangen und hatte Liesls Namen gerufen, aber niemand hatte ihr Antwort gegeben. Traurig war sie nach Hause zurückgekehrt, und als auch dort alles Suchen vergeblich war, hatte sie sich in das Zimmer gesetzt und hatte gejammert und geweint. Wie sie so ganz verzweifelt dasaß, klopfte es auf einmal an die Türe.
„Das wird meine Liesl sein", rief sie und lief schnell hin, um zu öffnen. Aber es kam keine Liesl, es war der Knecht Ruprecht.
„Ach, du bist es, Knecht Ruprecht", sagte sie. „Das ist lieb von dir, daß du kommst. Aber du hättest dir heuer den weiten Weg ersparen können, denn mein kleines Mädel ist fortgelaufen, ich weiß nicht wohin, ich kann es nirgends finden."
„Wenn dein kleines Mädel fortgelaufen ist", sagte Knecht Ruprecht, „da kann man nichts machen; da bekommst eben heuer du etwas von mir." Er hob den Sack von der Schulter, schnürte ihn auf und griff hinein – – – und am Schopf zog er Liesl heraus und setzte sie mitten auf den Tisch, gerade vor die Mutter hin. „So, das hab' ich dir mitgebracht, hab's draußen im Wald gefunden", sagte er.
„Liesl", rief die Mutter und lief auf ihr kleines Mädel zu. Sie setzte sich zu ihr auf den Tisch, streichelte und umarmte sie und konnte sich nicht genug freuen, daß sie ihr Kinder wieder hatte. Und Liesl saß da und hielt die Händchen vor die Augen und schämte sich. „Ich will's gewiß nicht mehr tun, Mutter", sagte sie. Knecht Ruprecht stand dabei und lachte und freute sich. „Willst es nicht mehr tun", sagte er, „deiner Mutter davonlaufen; nun, das ist ja schön – – – wir werden ja sehen." Er band den Sack wieder zu und ging gegen die Türe zu.
„Noch vielen, vielen Dank, daß du mir meine Liesl gebracht hast!" rief ihm die Mutter nach. Er ging hinaus. Liesl sah im betrübt nach. „Er ist doch böse", dachte sie. „Sonst hätte er mir ein paar Äpfel oder Nüsse dagelassen." Aber sie traute sich nicht, etwas zu sagen. Doch als sie dann im Bett lag, hörte sie auf einmal ein seltsames Geräusch am Fenster. Sie wäre am liebsten aufgestanden und hätte nachgeschaut, was es da gäbe. Aber sie wollte nicht wieder ungeduldig und neugierig sein, und so schloß sie die Augen und schlief bald ein.

Als am nächsten Morgen die Sonne in das Zimmer schien, wachte Liesl auf. Die Mutter schlief noch. Liesl setzte sich in ihrem Bettchen auf. Sie schaute hinüber zu den Schuhen, die sie gestern nachmittag in das Fenster gestellt hatte. Am Abend hatte sie dort das sonderbare Geräusch gehört – – – sollte es vielleicht doch sein, daß der liebe Knecht Ruprecht nicht böse mit der kleinen Ausreißerin war und ihr etwas in die Schuhe gesteckt hatte? Leise stieg sie aus dem Bettchen und schlich auf den Zehenspitzen zu dem Fenster. Ach! – – – bis oben waren die beiden Schuhe angefüllt mit herrlichen Süßigkeiten. „Mutter!" rief sie, „schau, – – Knecht Ruprecht hat mir doch noch etwas gebracht. Schau doch nur, was da alles drinnen ist!" Und Liesl nahm die Schuhe, lief damit zu dem Bett der Mutter, ließ diese kosten und aß selbst eine ganze Handvoll von den guten, braunen Schokoladebonbons. Aber in dem einen Schuh, das sah sie erst jetzt, steckte eine kleine Rute. Die Mutter nahm sie und sagte: „Die wollen wir jetzt hinter den Spiegel stecken, damit du sie immer siehst und dich an dein Versprechen erinnerst, nie mehr davonzulaufen." –

Roswitha Klob

(Zeichnung: Karl Alexander Wilke aus „Der Luftballon und andere Märchen" Ostmärkischer Landesverlag Wien o.J.)

Nikolaus und die Schiffer

Zu der Zeit, als Nikolaus Bischof von Myra war, fuhren Seeleute mit ihrem Schiff einmal über das Mittelmeer. Eines Tages brach ein furchtbarer Sturm los. Der Himmel wurde ganz finster, und die Wellen tobten. Der Sturm packte das Segel und riß es in viele Stücke. Dann zerbrach er auch den Mast. Die Wellen schlugen über den Bootsrand, und bald stand das Schiff voll Wasser. In ihrer Not dachten die Seeleute an den Bischof von Myra und riefen laut: „Nikolaus, hilf uns! Nikolaus hilf uns!"

Da sahen sie plötzlich einen fremden Mann am Steuer ihres Schiffes sitzen. Er nickte ihnen freundlich und beruhigend zu und lenkte das Boot sicher durch die Fluten. So erreichten sie trotz des furchtbaren Unwetters sicher das Ufer. Als sie aber dort ausgestiegen waren, war der furchtlose und freundliche Helfer verschwunden. Da liefen sie zur Kirche nach Myra, um Gott für ihre wunderbare Rettung zu danken.

Wie erstaunten sie aber, als sie dort den Bischof Nikolaus erblickten. Er und kein anderer war es gewesen, der in der Nacht ihr Schiff sicher durch das Unwetter gelenkt hatte. Da fielen sie vor dem Bischof auf die Knie und dankten ihm von ganzem Herzen. Der Bischof aber sagte: „Denkt an die Geschichte von Jesus, der so stark ist, daß ihm sogar der Sturm auf dem See Genezareth gehorsam war. Wenn ihr Jesus vertraut, wird euch nichts geschehen!" Die Seeleute machten Nikolaus aber zu ihrem Schutzheiligen. Und der Heilige Nikolaus ist der Schutzheilige der Seeleute bis zum heutigen Tag.

© (Neu erzählt von Rolf Krenzer)

Der Nikolaus kommt

Es klingelt an der Tür. Markus sieht Petra an. Petra sieht Markus an. „Wollt ihr nicht öffnen?" fragt die Mutter. Es klingelt wieder. Da steht der Vater auf und geht zur Tür. Mit schweren Schritten geht der Nikolaus durch den Flur. Jetzt öffnet er die Zimmertür. Ängstlich stehen Markus und Petra da. Der Nikolaus hat einen dicken Pelzmantel an. Er hat Stiefel an den Füßen. Auf seinem Kopf hat er eine dicke Mütze. An den Händen hat er dicke Handschuhe. Der Nikolaus hat einen weißen langen Bart. Er trägt einen Sack auf dem Rücken. Ganz freundlich sagt er: „Guten Abend!" Da haben die Kinder keine Angst mehr. Markus gibt dem Nikolaus die Hand. Petra singt sogar ein Lied vor:

„Laßt uns froh und munter sein
und uns recht von Herzen freun.
Lustig, lustig, traleralala,
heut ist Nikolausabend da!"

Dem Nikolaus gefällt das Lied. Er nimmt seinen Sack vom Rücken und stellt ihn mitten ins Zimmer. Markus und Petra dürfen in den Sack hineinfassen. Da gibt es Äpfel, Plätzchen und Spielzeug. „Danke, Nikolaus!" rufen die Kinder. Dann muß der Nikolaus weiter. Er sagt: „Viele Kinder warten auf mich!" Ob es wirklich jemand war, der sich verkleidet hat? Ob es wirklich der richtige Nikolaus war? Markus weiß es nicht. Aber er findet ein kleines Auto und eine Apfelsine in seinen Schuhen.

Rolf Krenzer

(Aus R. Krenzer/D. Domina: Geschichten und Bilder zum Kirchenjahr, Reha-Verlag, Bonn-Bad Godesberg.)

Nikolausgedichte

Holler, boller, Rumpelsack

Holler, boller, Rumpelsack,
Niklas trug sie huckepack,
Weihnachtsnüsse gelb und braun,
Runzlig, punzlig anzuschaun.
Knackt die Schale, springt der Kern,
Weihnachtsnüsse eß ich gern.
Komm bald wieder in dies Haus,
Guter alter Nikolaus.

Albert Sergel

Nikolaus, komm in unser Haus

Nikolaus, komm in unser Haus,
Leer deine große Tasche aus,
Stell' deinen Schimmel untern Tisch,
daß er Heu und Hafer frißt.
Heu und Hafer frißt er nicht?
Zuckerbrezel kriegt er nicht.

Lieber guter Weihnachtsmann

Lieber guter Weihnachtsmann,
Schau mich nicht so böse an,
Stecke deine Rute ein,
Ich will auch immer artig sein.

Weihnachtsmann

Weihnachtsmann, Weihnachtsmann,
Hör dir unsre Wünsche an!
Ich wünsche mir eine Eisenbahn.
Ich wünsche mir eine Puppe.
Ich wünsche ... (Jeder darf seinen Wunsch sagen)
Weihnachtsmann, Weihnachtsmann,
Hör dir unsre Wünsche an.

Durch den Tannenwald

Durch den Tannenwald
In der Weihnachtszeit
Geht ein Mann, uralt,
Ob es stürmt und schneit.
Sägt die Bäumchen ab,
Trägt sie huckepack
In die Stadt hinaus
Bravem Kind ins Haus.
Durch den Tannenwald
In der Weihnachtszeit
Geht ein Mann, uralt,
Ob es stürmt und schneit.
Er ist ein guter Knecht,
Er macht's allen recht,
Und im Wald dort draus
Heißt er Nikolaus!

Nußknacker

Nußknacker, Nußknacker,
Knacke nur immerzu,
Welch ein feiner Kerl bist du!

Niklaus, Niklaus, huckepack

Niklaus, Niklaus, huckepack,
Schenk uns was aus deinem Sack!
Schütte deine Sachen aus,
Gute Kinder sind im Haus.

Sankt Nikolaus

Vor langen, langen Jahren
in einem fernen Land
lebt' einst ein heiliger Bischof,
Sankt Nikolaus genannt.
Er war geliebt von groß und klein,
denn alle wollte er erfreun,
und noch vom Himmel steigt er nieder,
beschenkt die guten Kinder wieder.

Ihr Kinder, stellt die Schuh' hinaus

Ihr Kinder, stellt die Schuh' hinaus,
denn heute kommt der Nikolaus;
und wart ihr immer gut und brav,
dann lohnt's euch Nikolaus im Schlaf.
Er bringt euch Äpfel, Feigen, Nüss'
und gutes Backwerk, zuckersüß;
doch für das böse, schlimme Kind
legt er die Rute hin geschwind.

Knecht Ruprecht aus dem Walde

Knecht Ruprecht aus dem Walde
Komm zu uns nun balde,
Bring uns süße Äpfel mit
Nach gutem Brauch und alter Sitt'.

Glöcklein klingt

Glöcklein klingt von Haus zu Haus,
heute kommt der Nikolaus.
Kommt durch Schnee, kommt durch Wind,
kommt zu jedem braven Kind.
Aus dem Himmel kommt er her,
ei, wie ist sein Sack so schwer:
Äpfel, Nüsse, Süßigkeit –
alles, was die Kleinen freut.
Bösen Kindern aber schenkt

er die Rute nur und denkt:
Wart, du kleiner Bösewicht,
Zuckersachen kriegst du nicht!

Lieber guter Nikolaus

Lieber, guter Nikolaus,
komm doch auch in unser Haus,
komm in unsren Kindergarten,
wo so viele Kinder warten.
Leg uns gute Sachen ein,
wir wollen auch recht dankbar sein!

Sankt Nikolaus

Sankt Nikolaus, du guter Mann,
du magst die Kinder, ich seh' dir's an.
Hast liebe Augen, ein froh' Gesicht,
gelt, Sankt Nikolaus, du strafst mich nicht!

Sankt Nikolaus hat Namenstag

Sankt Nikolaus hat Namenstag, da kommt er auf die Welt,
geht abends dann von Haus zu Haus, o wie uns das gefällt!
In jedes Haus, wo Kinder sind, trägt er was Gutes hin;
doch hat er auch in seinem Sack gar eine Rute drin.
Er weiß genau, daß jedes Kind manchmal nicht artig ist,
und bringt die Rute nur, damit man's Bravsein nicht vergißt.
(Alle mündlich überliefert/Volksgut)

Knecht Ruprecht

Von drauß vom Walde komm ich her;
Ich muß euch sagen, es weihnachtet sehr!
Allüberall auf den Tannenspitzen
Sah ich goldene Lichtlein sitzen;
Und droben aus dem Himmelstor
Sah mit großen Augen das Christkind hervor,
Und wie ich so strolcht durch den finsteren Tann,
Da riefs mich mit heller Stimme an:
„Knecht Ruprecht", rief es, „alter Gesell,
Hebe die Beine und spute dich schnell!
Die Kerzen fangen zu brennen an,
Das Himmelstor ist aufgetan,
Alt und Junge sollen nun
Von der Jagd des Lebens einmal ruhn;
Und morgen flieg ich hinab zur Erden,
Denn es soll wieder Weihnachten werden!"
Ich sprach: „O lieber Herre Christ,

Meine Reise fast zu Ende ist,
Ich soll nur noch in diese Stadt,
Wo's eitel gute Kinder hat."
„Hast denn das Säcklein auch bei dir?"
Ich sprach: „Das Säcklein, das ist hier:
Denn Äpfel, Nuß und Mandelkern
Essen fromme Kinder gern."
„Hast denn die Rute auch bei dir?"
Ich sprach: „Die Rute, die ist hier;
Doch für die Kinder nur, die schlechten,
Die trifft sie auf den Teil, den rechten."
Christkindlein sprach: „So ist es recht;
So geh mit Gott, mein treuer Knecht!"
Von drauß vom Walde komm ich her;
Ich muß euch sagen, es weihnachtet sehr!
Nun sprecht, wie ich's hier innen find!
Sind's gute Kind, sind's böse Kind?

Theodor Storm

Bald nun ist Weihnachtszeit

Bald nun ist Weihnachtszeit,
fröhliche Zeit,
nun ist der Weihnachtsmann
gar nimmer weit.

Horch nur, der Alte klopft
draußen ans Tor,
mit seinem Schimmel
so steht er davor.

Leg ich dem Schimmelchen
Heu vor das Haus,
packt gleich der Ruprecht
den großen Sack aus.

Pfeffernüss', Äpfelchen,
Mandeln, Korinth,
alles schenkt er
dem artigen Kind.

Karola Wilke

Niklaus

Niklaus, Niklaus, heiliger Mann,
zieh die großen Stiefel an,
reis damit nach Spanien,
kauf Äpfel, Nüss', Kastanien!

Ich bin noch ein ganz kleiner Mann

Ich bin noch ein ganz kleiner Mann
und bin ein bißchen bange.
Drum schaue mich recht freundlich an,
laß mich nicht warten lange.
Schenk Nüsse mir und Mandelkern,
dann hab ich dich, Knecht Ruprecht, gern.

Sankt Niklas

Sankt Niklas ist ein braver Mann,
bringt den kleinen Kindern was,
die großen läßt er laufen,
die können sich was kaufen.

(Alle volkstümlich überliefert)

Nikolauslieder

Laßt uns froh und munter sein (Aus dem Hunsrück)

2. Dann stell' ich den Teller auf,
Niklaus legt gewiß was drauf.
3. Wenn ich schlaf', dann träume ich:
Jetzt bringt Niklaus was für mich.
4. Wenn ich aufgestanden bin,
lauf' ich schnell zum Teller hin.
5. Niklaus ist ein guter Mann,
dem man nicht g'nug danken
kann

Morgen kommt der Weihnachtsmann Worte: Hoffmann v. Fallersleben
Weise: volkstümlich

Bitte, lieber Weihnachtsmann,
denk an uns und bringe
Äpfel, Nüsse, Plätzchen mir,
Zottelbär und Panthertier,
Roß und Esel, Schaf und Stier,
lauter schöne Dinge.

Doch du weißt ja unsern Wunsch,
kennst ja unsre Herzen.
Kinder, Vater und Mama,
ja sogar der Großpapa,
alle, alle sind wir da,
warten dein mit Schmerzen.

Kling, Glöckchen, kling — Überliefert volkstümlich

Kling, Glöckchen, klingelingeling,
kling, Glöckchen, kling!
Mädchen, hört, und Bübchen,
macht mir auf das Stübchen,
bring' euch viele Gaben,
sollt euch daran laben.
Kling, Glöckchen, klingelingeling,
kling, Glöckchen, kling!

Spiel:
Die Kinder bilden einen Doppelkreis. Außerhalb desselben steht ein Kind, der Weihnachtsmann. Singend gehen die Kinder hintereinander in dem Doppelkreis und machen mit der erhobenen rechten Hand das Glockenläuten nach. Bei den Worten: „Öffnet mir die Türen!" öffnet sich der Kreis und läßt den Weihnachtsmann in die Mitte treten. Den zweiten Vers singt nun der Weihnachtsmann allein und teilt seine Gaben aus.

Ich wollt, ich wär der Nikolaus

© Melodie: Walther Vahrenkamp
Text: Rolf Krenzer

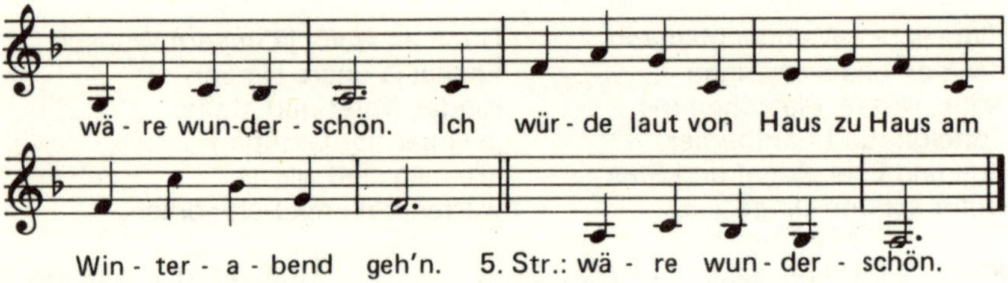

2. Ich habe einen großen Sack,
den trag' ich ganz allein.
Und alles böse Lumpenpack,
das steck' ich da hinein.

3. Doch hat da etwa Angst ein Kind
vor mir, dem Nikolaus,
zieh' ich den Mantel aus geschwind
und seh' wie immer aus.

4. Vom Kopf nehm' ich die Mütze dann,
damit es keinem graut.
Dann kommt zum Schluß der Bart noch dran,
und alle lachen laut!

5. Ich möcht' so gern von Haus zu Haus
am Winterabend gehn.
Ich wollt', ich wär' der Nikolaus.
Das wäre wunderschön!

Nikolaus Melodie: Inge Lotz / Text: Rolf Krenzer

Mit einem Säckchen auf dem Rücken und einer Zipfelmütze auf dem Kopf marschiert der „Nikolaus" im Kreis herum. Wenn es heißt „Nun kommt er zu mir", bleibt er vor einem Mitspieler stehen und legt dort seinen Sack ab. Nun darf dieser Spieler „Nikolaus" sein.

(Aus I. Lotz/R. Krenzer: Mach mit uns Musik, Kaufmann, Lahr – Kösel, München)

Der Nikolaus Melodie: I. Lotz / Text: R. Krenzer

Der Nikolaus, der Nikolaus,
der geht bei uns von Haus zu Haus.
Wir sehn ihn hier im Kreise gehn.
Halt, Nikolaus, bleib stehn!

Hast du mir was mitgebracht?
Ei, das hätt ich nicht gedacht!
Fasse in den Sack hinein.
Sag, was kann das sein, das sein?

Falsch geraten! Bleibe stehn!
Nikolaus muß weitergehn!

oder

Gut geraten! Komm heraus!
Jetzt bist du der Nikolaus!

In den Nikolaussack sind verschiedene Dinge hineingepackt worden, die von den Mitspielern ertastet werden müssen.
Wir stehen im Kreis und einer geht als Nikolaus mit dem Sack auf dem Rükken im Kreis herum. Wenn es heißt: „Halt, Nikolaus, bleib stehn!" bleibt er vor einem Mitspieler stehen. Der darf in den Sack fassen und muß raten, welchen Gegenstand er in der Hand hat. Wenn er es nicht errät, geht der Nikolaus weiter zu einem anderen Spieler. Wenn es aber richtig geraten wird, darf dieser Spieler nun Nikolaus sein.

(Aus I. Lotz/R. Krenzer: Mach mit uns Musik, Kaufmann, Lahr – Kösel, München)

Guten Abend, Nikolaus! Melodie: Inge Lotz / Text: Rolf Krenzer

Dankeschön, ja, Dankeschön!
Nikolaus, kannst weitergehn.
Alle Kinder freuen sich.
Alle warten schon auf dich.

Einer spielt den Nikolaus. Jeder darf einmal in den Sack hineinfassen und durch Tasten erraten, was der Nikolaus mitgebracht hat. Dann darf ein anderer der Nikolaus sein.

(Aus I. Lotz/R. Krenzer: Wir sind die Musikanten, Verlag Ernst Kaufmann, Lahr – Kösel-Verlag, München)

Nikolauslied Melodie: Inge Lotz / Text: Rolf Krenzer

Rabum, rabum, rabum,
Immer im Kreis herum.
Rabum, rabum, rabaus,
Da geht der Nikolaus.

Geht bepackt von Tür zu Tür,
Und jetzt kommt er auch zu mir.
Rabum, rabum, rabaus,
Willkommen Nikolaus!

Mit einem Säckchen auf dem Rücken, einem dicken Mantel und einer Zipfelmütze marschiert der Nikolaus im Kreis herum. Wenn es heißt: „Willkommen Nikolaus!" bleibt er vor einem Mitspieler stehen und legt dort seinen Sack ab. Jetzt darf dieser Spieler Nikolaus sein.

(Aus I. Lotz/R. Krenzer: Hast du unsern Hund gesehen? Verlag Ernst Kaufmann, Lahr – Kösel-Verlag München.)

Paßt auf, jetzt kommt der Nikolaus Melodie: Inge Lotz / Text: Rolf Krenzer

Pst, pst, ihr müßt ganz stille sein,
Gleich kommt er hier zur Tür herein.
Erschreckt nur nicht, erschreckt nur nicht
Und schaut ihm freundlich ins Gesicht.
Nikolaus, Nikolaus,
Komme heut in unser Haus.
Nikolaus, Nikolaus,
Komm heut in unser Haus.

Er schaut euch freundlich an und lacht:
„Ich hab euch auch was mitgebracht!"
Erschreckt nur nicht, erschreckt nur nicht
Und schaut ihm freundlich ins Gesicht.
Nikolaus, Nikolaus,
Komme heut in unser Haus.
Nikolaus, Nikolaus,
Komm in unser Haus.

(Aus I. Lotz/R. Krenzer: Mach mit uns Musik, Kaufmann, Lahr – Kösel, München)

Wo wohnt der Nikolaus Melodie: Hans-Werner Clasen / Text: Rolf Krenzer

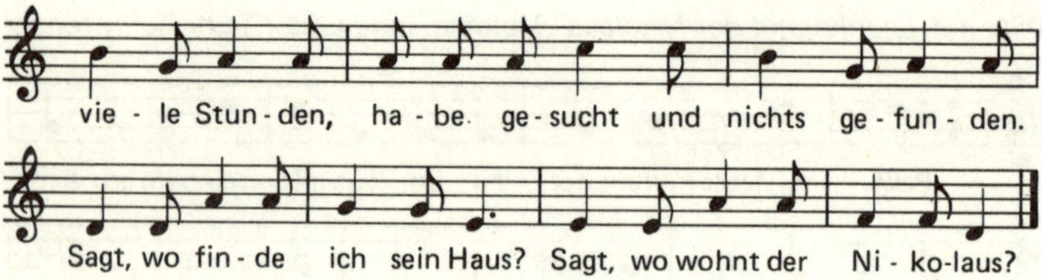

Ich flog über Eisberge und über Seen
und konnte den Nikolaus nicht erspähn.
Habe gesucht …

Ich flog nach Alaska weit hinaus
und spähte aus dem Flugzeug heraus.
Habe gesucht …

Die Flugreise hat sich für mich nicht gelohnt.
Ob er vielleicht in Island wohnt?
Habe gesucht so viele Stunden,
habe gesucht und nichts gefunden.
Sagt, wo finde ich sein Haus?
Sagt, wo wohnt der Nikolaus?

(Aus R. Krenzer/H.-W. Clasen: Ich schenke dir ein Lied von mir, Edition Kemper im Verlag Ernst Kaufmann, Lahr)

Weihnachten

Die Weihnachtsgeschichte

Die Weihnachtsgeschichte steht im Mittelpunkt des gesamten vorweihnachtlichen Geschehens. Die hier angebotene sprachlich einfache Fassung wurde dem Band R. Krenzer: Christusgeschichten, Reha-Verlag, Bonn-Bad Godesberg entnommen, der zu jeder Geschichte eine großformatige Zeichnung von Helmut Wondra anbietet. Als farbige Wandbilder zum Weihnachtsgeschehen können auch die großformatigen Pappebilder aus der Mappe „Bilder und Geschichten von Jesus", Hirschgraben-Verlag, Frankfurt am Main verwendet werden.

Die hier vorgelegte Fassung wurde nach folgenden Kriterien ausgearbeitet:

- Die gesamte Geschichte ist in übersichtliche Sinnschritte/Absätze gegliedert. Das gibt Anregungen zum eigenen Erzählen nach kurzen und überschaubaren Inhalten.
- Die Textform gibt nur eine mögliche Erzählform wieder. Jeder Satz kann im Hinblick auf jüngere und ältere Kindergartenkinder verändert, ergänzt und neu formuliert werden, d. h. der Text kann als Grundlage zum eigenen Erzählen benutzt werden.
- Es werden einfache Satzmuster verwendet, hauptsächlich Subjekt, Prädikat, Objekt in vorwiegend gleicher Abfolge.
- Wichtige Wörter, Sätze und Satzverbindungen werden wiederholt und können dadurch die Spannung steigern. Reihungen werden bewußt eingesetzt.
- Es wird in der Gegenwart gradlinig und ohne Nebenhandlung erzählt.
- Ungebräuchliche und weniger bekannte Begriffe werden durch Wörter der gebräuchlichen Umgangssprache ersetzt.

Maria wird ein Kind bekommen

In Nazareth wohnt eine junge Frau. Sie heißt Maria. Maria will bald ihren Freund heiraten. Er heißt Josef und ist ein Zimmermann.

Gott schickt einen Engel zu Maria. Der Engel sagt: „Freu dich Maria! Gott hat etwas ganz Besonderes mit dir vor!" Maria erschrickt. Sie fürchtet sich vor dem Engel. Doch der Engel sagt: „Hab keine Angst, Maria! Bald wirst du einen Sohn haben. Er soll Jesus heißen. Er wird der König der Welt werden. Gott ist sein Vater. Er ist Gottes Sohn!"

Maria glaubt dem Engel. Sie sagt: „Es soll so geschehen!" Sie freut sich auf ihr Kind. Sie weiß: Es ist Gottes Sohn.

Lukas 1, 26–38

Der Kaiser ordnet an, und alle müssen gehorchen

Der Kaiser Augustus in Rom ist ein mächtiger Mann. Er ordnet an, und alle müssen gehorchen. Der Kaiser Augustus will wissen, wie viele Menschen in seinem Land leben. Er ordnet an: „Jeder muß dorthin reisen, wo er geboren ist!"
Josef und Maria wohnen in Nazareth. Josef ist in einer kleinen Stadt geboren. Die Stadt heißt Bethlehem. Josef muß mit Maria nach Bethlehem reisen. Josef weiß, daß Maria ein Kind bekommen wird. Er weiß auch, daß dieses Kind Gottes Sohn ist. Es wird nicht mehr lange dauern, bis das Kind geboren wird. Der Kaiser ordnet an, und alle müssen gehorchen. Josef und Maria müssen auch gehorchen. Sie verlassen ihr Haus. Sie verlassen Nazareth. Sie gehen nach Bethlehem. Es ist ein weiter Weg. Lukas 2, 1–5

Kein Zimmer für arme Leute

Der Kaiser ordnet an, und alle müssen gehorchen. Josef und Maria gehen von Nazareth nach Bethlehem. Endlich sind sie da. Bald wird Maria ihr Kind bekommen.
Josef und Maria brauchen ein Zimmer. Maria braucht ein Bett. Bald wird Jesus geboren werden.
Josef und Maria suchen ein Zimmer in Bethlehem. In den großen Gasthäusern sind alle Zimmer besetzt. In den kleinen Gasthäusern sind alle Zimmer besetzt. Josef und Maria sind arm. Sie finden kein Zimmer. Sie finden kein Bett.
Maria spürt: Bald wird das Kind kommen. Lukas 2, 4–7

Im Stall wird ein Kind geboren

Josef und Maria haben überall nach einem Zimmer gesucht. Sie haben nichts gefunden. Aber das Kind wird bald zur Welt kommen.
Was sollen sie nur tun? Wohin können sie nur gehen?
Josef und Maria finden einen Stall. Einen Stall, in dem die Kühe leben. Ein Kuhstall. Im Stall ist es warm. Im Stall ist eine Futterkrippe. In diesem Stall wird Jesus geboren. Maria wickelt ihn in Windeln. Sie hat kein Bett für ihr Kind. Sie legt ihr Kind in die Futterkrippe hinein.
Gottes Sohn wird in einem Stall geboren. Er liegt in der Futterkrippe. Josef und Maria sorgen für das Kind. Es heißt Jesus. Über dem Stall leuchtet ein heller Stern. Lukas 2, 6–7

Was die Hirten mitten in der Nacht erleben

In der Nacht, in der Jesus geboren ist, bewachen die Hirten auf dem Feld ihre Schafe. Sie bleiben die ganze Nacht draußen, damit den Schafen nichts geschieht. Sie schlafen sogar bei ihren Schafen.
Mitten in der Nacht schickt Gott einen Engel zu den Hirten. Er weckt die Hirten auf. Als die Hirten den Engel sehen, erschrecken sie. Doch der Engel sagt: „Fürchtet euch nicht! Gottes Sohn ist geboren! Lauft zum Stall. Dort werdet

ihr ihn finden. Er heißt Jesus. Er liegt in der Futterkrippe. Über dem Stall leuchtet ein heller Stern!"
Die Hirten wundern sich. Immer mehr Engel kommen herbei. Sie sagen: „Ehre sei Gott in der Höhe und Friede auf Erden den Menschen. Denn Gott hat sie lieb!" Lukas 2, 8–14

Die Hirten kommen zum Stall

Im Stall ist ein Kind geboren. Es heißt Jesus. Es ist Gottes Sohn.
Jetzt haben die Hirten keine Angst mehr. Sie freuen sich über das, was die Engel gesagt haben. Sie laufen nach Bethlehem. Sie finden den Stall. Sie finden Josef und Maria. Sie finden das Kind in der Futterkrippe. Sie knien vor dem Kind nieder und beten.
Dann gehen die Hirten zu ihren Schafen zurück. Sie freuen sich und loben Gott. Sie erzählen es allen Leuten: „Gottes Sohn ist geboren! Er heißt Jesus!"
Lukas 2, 15–20

Kluge Männer folgen dem Stern

Jesus ist geboren. Er ist der König der Welt. Er ist Gottes Sohn. Hoch über dem Stall leuchtet ein heller Stern. Er leuchtet so hell, daß ihn die Leute in anderen Ländern sehen können.
Im fernen Land sehen einige Männer nachts den Stern. Es ist ein besonderer Stern. Die Männer sagen: „Es ist ein Königsstern! Wir wollen den König suchen!" Matthäus 2, 1

Ein neuer König?

Da gehen die Männer los. Sie ziehen hinter dem Stern her. Sie fragen überall: „Ist hier der König der Welt geboren?" „Hier nicht!" sagen die Leute.
Sie fragen in der Hauptstadt Jerusalem. Sie fragen den König Herodes. Der König erschrickt. Er fragt: „Ihr sucht einen König? Ein neuer König ist geboren?" Herodes will selbst König bleiben. Er will den neuen König töten. Aber er weiß selbst nicht, wo er ihn finden kann. Vielleicht in Bethlehem. Deshalb sagt König Herodes: „Sucht den neuen König. Wenn ihr ihn findet, dann kommt zu mir zurück! Ich will auch zu ihm gehen!"
So ziehen die Männer weiter hinter dem Stern her. Matthäus 2, 1–9

Das Kind im Stall ist König der Welt

Kluge Männer ziehen hinter dem Stern her. Der Stern führt sie nach Bethlehem. Der helle Stern leuchtet über dem Stall.
„Hier muß es sein!" sagen die Männer. Sie klopfen an und treten ein. Sie finden Josef und Maria. Sie finden das Kind in der Futterkrippe. Da wissen sie: Das ist der König der Welt!"
Die Männer bringen Geschenke in den Stall hinein. Es sind wertvolle Geschenke. Sie schenken alles dem König der Welt. Dann knien sie vor dem Kind nieder und beten es an.
Später reisen die Männer wieder zurück in ihr Land. Dem König Herodes verraten sie nicht, daß sie Jesus gefunden haben. Matthäus 2, 9–12

Gott schützt Jesus vor dem König Herodes

Lange hat der König Herodes auf die Männer gewartet. Sie sind nicht zu ihm zurückgekommen. Sie haben Jesus nicht verraten. Aber Herodes hat Späher und Kundschafter. Sie erzählen ihm von den seltsamen Ereignissen in Jerusalem. Sie berichten ihm von dem König der Welt. Da schickt der König seine Soldaten nach Bethlehem. Sie sollen alle kleinen Kinder in Bethlehem töten. So grausam ist der König Herodes. Soviel Angst hat er vor Jesus, dem König der Welt.
Aber Gott schützt Jesus vor dem König Herodes.
Mitten in der Nacht schickt Gott einen Engel zu dem Stall. Der Engel weckt Josef. Er sagt: „Steh auf! Du mußt Maria und das Kind nach Ägypten bringen. Beeile dich, denn der König Herodes will Jesus töten!" Der Engel sagt dann: „Bleibe so lange in Ägypten, bis ich dir sage, daß du zurückkommen kannst!"
Josef weckt Maria und das Kind. Sie packen schnell alle ihre Sachen zusammen. Mitten in der Nacht ziehen sie los. Der Weg nach Ägypten ist weit. Aber in Ägypten sind sie sicher vor dem König Herodes. Matthäus 2, 13–18

Geschichten rund um Weihnachten

Der Heilige Abend

Endlich ist der Heilige Abend da. Im Wohnzimmer steht der Tannenbaum. Er ist geschmückt mit vielen Kugeln. Alle Kerzen brennen.
Markus steht vor dem Weihnachtsbaum. Seine Eltern singen Weihnachtslieder. Markus singt laut mit. Sie singen von den Engeln. Sie singen von den Hirten. Sie singen von Jesus in der Krippe. Dann liest der Vater die Weihnachtsgeschichte vor.
Auf dem Tisch liegen Geschenke. Für Markus eine Jacke und viele Spielsachen. Für die Mutter eine große Reisetasche. Für den Vater ein Fotoapparat. Markus hat auch Geschenke für seine Eltern: Für die Mutter ein Bild. Das hat er selbst gemalt. Für den Vater eine große Flasche Rasierwasser. Die hat Markus von seinem Taschengeld gekauft.
Weihnachten ist Jesus geboren. Alle freuen sich, weil heute sein Geburtstag ist. Sie wollen anderen Menschen Freude bereiten. Deshalb schenken sie ihnen etwas.
Markus freut sich sehr über seine Geschenke. Seine Eltern freuen sich sehr über die Geschenke, die sie von Markus bekommen haben.
Am Heiligen Abend darf Markus lange aufbleiben und mit seinen neuen Spielsachen spielen. Aber dann muß Markus doch ins Bett. Denn morgen wollen alle zusamen in die Kirche gehen. Rolf Krenzer

(Aus R. Krenzer/D. Domina: Geschichten und Bilder zum Kirchenjahr, Reha-Verlag, Bonn-Bad Godesberg.)

Weihnachten

Weihnachten ist da. Markus geht mit seinen Eltern in die Kirche. Am Weihnachtsmorgen kommen viele Leute in den Gottesdienst.
Auch in der Kirche sieht man, daß Weihnachten ist. Neben dem Altar steht ein hoher Tannenbaum mit vielen Kerzen.
Jetzt beginnt der Gottesdienst. Die Orgel spielt. Alle singen:
„O du fröhliche, o du selige gnadenbringende Weihnachtszeit!"
Dann liest der Pfarrer die Weihnachtsgeschichte aus der Bibel vor. Er sagt: „Gottes Sohn ist auf die Welt gekommen. Alle dürfen sich freuen. Jesus ist der Herr der Welt!"
Jetzt spielt wieder die Orgel. Sie spielt ein fröhliches Lied. Da singen die Kinder und die Erwachsenen mit:
„Kommet ihr Hirten, ihr Männer und Fraun.
Kommet, das liebliche Kindlein zu schaun.
Christus, der Herr, ist heute geboren,
den Gott zum Heiland euch hat erkoren.
Fürchtet euch nicht!"
Danach falten alle die Hände und beten.
„Weihnachten ist schön!" sagt Markus, als er mit seinen Eltern aus der Kirche kommt.

Rolf Krenzer

(Aus R. Krenzer/D. Domina: Geschichten und Bilder zum Kirchenjahr, Reha-Verlag, Bonn-Bad Godesberg.)

Die Puppe ohne Haare

Martina hatte die Puppe in dem Katalog des Versandhauses entdeckt. Eine Puppe mit langen braunen Haaren, mit blauen Augen und einem roten Kleid. Diese Puppe wünschte sich Martina zu Weihnachten. Diese Puppe und keine andere.
Allen Leuten erzählte sie: „Ich habe mir eine wunderschöne Puppe zu Weihnachten gewünscht!" Oft holte sie sich den Katalog herbei und betrachtete die Puppe ganz genau. Martina konnte Weihnachten kaum erwarten.
Die Eltern hatten ein großes Paket bei dem Versandhaus bestellt. Weihnach-

ten rückte immer näher heran, aber das Paket war noch nicht angekommen. „Hoffentlich kommt es noch rechtzeitig!" sagte der Vater. „Martina wartet doch schon so sehr auf ihre Puppe!"
Einen Tag vor dem Heiligen Abend kam endlich das Paket an. Am Abend, als die Kinder im Bett lagen, packten die Eltern das Paket auf.
Als sie aber die Puppe aus ihrer Verpackung herausholten, erschraken sie. Die Puppe hatte keine Haare.
Als die Puppe hergestellt worden war, waren die Haare vergessen worden. Jetzt war es eine Puppe mit einer richtigen Glatze.
„Wir tauschen die Puppe um!" sagte die Mutter. „Und Martina?" fragte der Vater. „Sie wartet doch schon so sehr auf die Puppe!" „Wir müssen ihr erzählen, was passiert ist!" meinte die Mutter. „Und gleich nach Weihnachten schicken wir die Puppe zurück!"
Am Heiligen Abend suchte Martina unter dem Weihnachtsbaum, auf dem Tisch, hinter dem Sessel, überall. Als sie nirgends die Puppe entdecken konnte, fragte sie ihre Eltern danach. „Ich habe sie mir doch so sehr gewünscht!" sagte Martina und schaute ihre Mutter traurig an. Da erzählte ihr die Mutter, daß die Puppe umgetauscht werden sollte, weil sie keine Haare hatte. Doch Martina wollte die Puppe ohne Haare unbedingt sehen. So holte der Vater die Puppe herbei. Martina hob sie vorsichtig aus der Schachtel und strich ganz behutsam über das kahle Puppenköpfchen.
„Arme Puppe!" sagte sie. „Ich muß dir sofort ein Mützchen häkeln, damit du nicht am Kopf frierst!"
Alle übrigen Weihnachtsgeschenke waren vergessen. Am Heiligen Abend häkelte Martina ein Mützchen für die Puppe. Sie nahm die Puppe mit ins Bett. Es wurde ihre Lieblingspuppe. Vielleicht gerade deshalb, weil sie keine Haare hatte.
So wurde die Puppe niemals zurückgeschickt. Und das Versandhaus hat nie erfahren, daß einmal eine Puppe ohne Haare verschickt wurde.

Rolf Krenzer

(Aus R. Krenzer: 52 Sonntagsgeschichten, Reha-Verlag, Bonn-Bad Godesberg)

Der Tannenbaum

Draußen im Wald stand ein niedlicher kleiner Tannenbaum. Er hatte einen guten Platz. Die Sonnenstrahlen liebkosten ihn, und der Wind strich durch seine Zweige. Im nächsten Jahr war der Baum schon um einen bedeutenden Ansatz größer und das Jahr darauf noch um einen.
„Ach, wenn ich doch so groß wie die anderen Bäume wäre", seufzte das Bäumchen, „dann könnte ich meine Zweige weit ausstrecken und mit meinem Wipfel in die weite Welt hinausblicken." Aber zwei Winter vergingen und im dritten war das Bäumchen so groß, daß die Hasen darum herumlaufen mußten. „Nur wachsen, wachsen, groß und alt werden! Das ist doch das einzig Schöne auf der Welt!" dachte der Tännling bei sich. Im Spätherbst kamen Holzhauer in den Wald und fällten die größten Bäume wie in jedem Jahr. Ihre Äste wurden abgehauen, nackt, lang und schmal wurden sie auf ein Fuhrwerk

gehoben und in die Welt hinausgeführt. Als mit dem Frühling Storch und Schwalbe wiederkehrten, fragte der Tannenbaum: „Wißt ihr, wohin die großen Stämme geführt wurden?"
Der Storch nickte mit dem Kopf und sagte: „Viele neue Schiffe sind mir begegnet, als ich in Ägypten war, auf den Schiffen waren gewaltige Mastbäume, und ich vermute, das waren die Tannen aus diesem Wald." „Ach, wäre ich doch auch schon so groß, um über das Meer fahren zu können! „Freu dich deiner Jugend!" sagten die Sonnenstrahlen, „freue dich deines fröhlichen Wachstums und des frischen Lebens in dir!"
Um die Weihnachtszeit wurden ganz junge Bäume gefällt. „Wohin sollen sie?" fragte der Tannenbaum, „Sie sind nicht größer als ich." „Wir wissen es", piepsten die Spatzen, „sie werden mitten in der Stube aufgepflanzt und mit den herrlichsten Sachen, vergoldeten Äpfeln, Honigkuchen, Spielzeug und vielen bunten Lichtern geziert." „Ob es wohl auch mir beschieden ist, diesen strahlenden Weg zu gehen?" fragte der Tannenbaum. „Das ist doch viel schöner als über das fremde Meer zu fahren."
„Freue dich unser", raunten die Luft und der Sonnenschein, „freue dich deiner frischen Jugend und deiner Freiheit." Aber der Tannenbaum freute sich gar nicht. Er wuchs und wuchs. Wieder kam Weihnachten und er wurde als erster gefällt. Ein großer Schmerz durchfuhr ihn, so daß er in Ohnmacht fiel. Er kam erst wieder zu sich, als er in einem Hof mit den anderen Bäumen abgeladen wurde und einen Mann sagen hörte: „Der ist prächtig! Den nehmen wir!" Zwei Diener kamen und trugen den Tannenbaum in einen großen herrlichen Saal. An den Wänden hingen prachtvolle Bilder, und neben dem großen Kachelofen standen kostbare chinesische Vasen mit Löwen auf den Deckeln. Da waren Schaukelstühle, seidene Ruhebetten, lange Tische mit Bilderbüchern. – Der Tannenbaum wurde in ein mit Sand gefülltes Faß gestellt. Diener und Fräulein gingen umher und schmückten ihn mit kleinen Netzen aus buntem Papier; jedes gefüllt mit Zuckerwerk, vergoldete Nüsse und Äpfel hingen herab und über hundert blaue, rote und weiße Kerzen wurden auf die Zweige gesteckt. Kleine Puppen schwebten im Grünen und hoch oben auf der Spitze glänzte ein Stern aus Flittergold. Es war ganz unvergleichlich prächtig!
Oh, dachte der Baum, wäre es doch schon Abend, und was dann wohl geschehen würde! Am Abend wurden die Lichter angezündet. Oh, welcher Glanz! Welche Pracht! Plötzlich öffneten sich die großen Flügeltüren weit, und viele Kinder stürzten herein, die Kleinen standen ganz stumm, aber nur einen Augenblick, dann jubelten und schrien sie, daß es nur so schallte. Sie tanzten um den Baum herum und nahmen ein Geschenk nach dem anderen von den Zweigen.
Was machen sie, dachte der Baum, was soll das? Und die Lichter brannten herunter bis auf die Zweige und wurden dann ausgelöscht. Und die Kinder durften den Baum plündern, daß es in allen Zweigen knackte. Niemand sah mehr auf den Baum. „Eine Geschichte, bitte eine Geschichte!" riefen die Kinder und zerrten einen kleinen Mann zum Baum und er setzte sich unter die Zweige. „Denn so sitzen wir im Grünen", sagte er, „wollt ihr die von Ivede-Avede oder die von Klumpe-Dumpe hören?"

„Ivede-Avede!" schrien die einen, „Klumpe-Dumpe!" verlangten die andern. Und der Mann erzählte von Klumpe-Dumpe, der die Treppe hinunterfiel und doch erhöht wurde und die Prinzessin erhielt. Der Tannenbaum stand ganz still und in tiefe Gedanken versunken. Niemals hatten die Waldvögel solche Geschichten gewußt. Klumpe-Dumpe fiel die Treppe hinunter und bekam doch die Prinzessin zur Frau. Ja, ja, so geht es auf dieser Welt zu. Und er freute sich schon, am nächsten Morgen wieder mit Lichtern und Spielzeug geputzt zu werden. Am Morgen kamen der Knecht und die Magd herein. Doch sie schleppten ihn aus dem Saal hinaus auf den Boden. Dort stellten sie ihn in einen dunklen Winkel. Was soll das bedeuten, grübelte der Baum, was soll ich hier machen? Jetzt ist draußen Winter, deshalb können mich die Menschen nicht einpflanzen, darum soll ich wohl bis zum Frühling hier in sicherer Obhut stehen.

„Piep, piep", machte da eine kleine Maus und huschte hervor. Hinter ihr kam noch eine zweite. „Woher kommst du?" fragten die Mäuse. „Und was weißt du?" Sie waren schrecklich neugierig. „Erzähl uns doch von den schönsten Orten der Erde. Bist du dort gewesen? Bist du in der Speisekammer gewesen, wo der Käse auf den Brettern liegt und die Schinken unter der Decke hängen?" „Nein, den Ort kenne ich nicht", antwortete der Tannenbaum, „aber ich kenne den Wald, wo die Sonne scheint und die Vögel singen." Er erzählte nun alles aus seiner Kindheit.
„Wieviel du gesehen hast, wie glücklich du gewesen bist!" sagten die kleinen Mäuse.

Dann berichtete er vom Weihnachtsabend, als er mit Kuchen und Lichtern geschmückt worden war. „Wie schön du erzählst!" sagten die Mäuschen, und am nächsten Abend kamen sie mit vier anderen Mäuschen, damit auch sie den Baum erzählen hören sollten. Und am Sonntag erschienen sogar zwei Ratten; diese aber sagten, die Geschichte sei gar nicht hübsch, und das betrübte die Mäuschen, denn nun hielten sie auch weniger davon.

„Das ist eine höchst jämmerliche Geschichte", sagten die Ratten. „Kennen sie keine von Talglicht und Speck? Keine Speisekammergeschichte?" „Nein", sagte der Baum. „Dann danken wir dafür?" erwiderten die Ratten und gingen heim zu ihren Familien. Zuletzt blieben auch die Mäuse fort. Da wurde der Baum sehr traurig.
Und eines Tages kamen Leute auf den Speicher, und ein Diener trug den alten Tannenbaum auf den Hof. „Nun werde ich leben", jubelte der Baum und breitete seine Zweige aus. Aber die waren alle vertrocknet und gelb. Nur der Stern aus Goldpapier saß noch oben an der Spitze und glänzte im hellen Sonnenschein. Die Kinder, die am Weihnachtsabend den Baum umtanzt hatten, kamen herbei und riefen: „Seht, was da noch an dem häßlichen alten Tannenbaum sitzt!" Und sie traten auf die Zweige, daß es krachte und knackte.
Und der Baum sah auf all die Blumenpracht und die leuchtende Schönheit im Garten. „Vorbei, vorbei!", seufzte er. „Hätte ich mich doch gefreut, als ich es noch konnte! Vorbei! Vorbei!"

Der Hausknecht kam und hieb den Baum in kleine Stücke. Ein ganzes Bündel lag da und flackerte hell auf unter dem großen Braukessel. Das Holz knisterte und es schien, als seufze der Baum, und er dachte nochmal an einen Sommertag im Wald oder an eine Winternacht da draußen, wenn die Sterne funkelten. Er dachte an den Weihnachtsabend und an Klumpe-Dumpe, das einzige Märchen, das er gehört hatte und zu erzählen verstand. Und dann war der Tannenbaum verbrannt.
Die Knaben spielten im Garten, und der kleinste trug den Goldstern, der den Baum an seinem glücklichsten Abend geschmückt hatte, auf seiner Brust. Nun war die Weihnachtszeit vorbei, und mit dem Tannenbaum war es vorbei und mit der Geschichte auch; vorbei, vorbei, und so geht es mit allen Geschichten!

Hans Christian Andersen

Das Wolkenkätzchen

Ein kleines Sternenkind saß auf einer Wolke und putzte Sterne. Das war gar nicht lustig. Es mußte das jeden Morgen tun, denn abends sollten alle Sterne wieder blank sein. Jetzt war es erst beim fünften und mit hundert Sternen mußte es bis zum Mittag fertig werden. Ach, war das langweilig! Das Sternenkind wäre viel lieber auf der Himmelswiese herumgetollt oder hätte Bilderbücher angeschaut.
Ja, im Himmel gibt es auch Bilderbücher und eines hatte unser Sternenkind besonders gerne; es waren darin lauter Katzen abgebildet. Weiße, schwarze, graue und gefleckte. Unser Sternenkind hätte dieses Buch so gerne wieder einmal angeschaut. Aber ehe es mit der Arbeit fertig war, gab es so etwas nicht.
Während es mit dem Lappen über die Sternlein rieb, mußte das Sternenkind immer wieder an das Katzenbilderbuch denken und dabei vergaß es ganz auf das Putzen.
Es dachte nur mehr an das Buch mit den schönen Katzenbildern. Es hatte Katzen so gerne. Und so oft es auf die Erde hinunterblickte und ein Kind mit einem Kätzchen spielen sah, ward ihm weh ums Herz. Es hätte gar zu gerne auch so ein nettes, weißes Ding gehabt, um damit zu spielen, aber im Himmel gab es ja keine Katzen.
Da flog plötzlich ein ganz kleines Wölkchen bei ihm vorüber, das war so weiß und so flaumig wie ein Kätzchen. „Ei", dachte das Sternenkind, „wie wär's wenn ich versuchte, mir daraus ein Kätzchen zu machen, wie die Erdenkinder es da unten haben." Und das Sternenkind haschte nach der kleinen Wolke und riß sie an sich. „Au!" rief die Wolke und begann ein wenig zu regnen. Doch die Sonne heilte sie rasch mit ihren milden Strahlen.
Das Sternenkind war bald fleißig bei der Arbeit. Es drückte und knetete das Wölkchen hin und her und formte einen Körper mit einem Kopf darauf. Es drehte einen langen Schwanz, setzte vier Füße an den Körper und zwei Ohren an den Kopf, nahm ein wenig Himmelblau für die Augen und die Katze war fertig.

„Ei, bist du schön", sagte das Sternenkind und klatschte in die Hände. „Aber bist du auch eine wirkliche Katze," „Miau", war die Antwort und das Sternenkind konnte zufrieden sein. „Kannst du dich auch putzen?" fragte es weiter. Das konnte das Kätzchen natürlich auch und es setzte sich gleich nieder und strich sich mit den Vorderpfoten den Schnurrbart glatt. „Gut", sagte das Sternenkind, „das kannst du. Aber was kannst du noch?"
In diesem Augenblick hörte es Schritte hinter sich. War das ein Schrecken! Gewiß kam jemand nachsehen, wie weit es mit dem Putzen sei. Sechs Sterne waren doch erst fertig. Und die Wolkenkatze, die nun auch noch leise zu miauen begann, würde verraten, womit sich das Sternputzerchen die Zeit vertrieben hatte. Da blieb dem Sternenkind nichts anderes übrig, als das Kätzchen fortzuwerfen, recht weit weg.
„Miau!" sagte das kleine weiße Ding und flog durch die Luft. Zuerst schwebte es am blauen Himmel, doch als es unten auf der Erde die grünen Wiesen sah, dachte es: „Dort unten ist es sicher schöner als hier." Es ließ sich fallen, bis es unten im Grase saß. Dort gefiel es ihm. Es machte gleich vor lauter Freude ein paar Sprünge und miaute dazu. Das hörte Traute, ein kleines Mädchen, und kam herzugelaufen. „Ein weißes Kätzchen!" jubelte die Kleine. „Wie herzig! Dich nehme ich mit nach Hause. Weißt du, dort habe ich einen schwarzen Kater, mit dem kannst du spielen. Paß nur auf, das wird lustig werden."
Traute hob das weiße Wolkenkätzchen auf, nahm es in den Arm und drückte es an sich. Dem Kätzchen wurde ganz angst und bange, denn zu stark durfte es nicht gedrückt werden. Denn wißt ihr das nicht? Das Kätzchen war doch aus einer Wolke gemacht und innen ganz aus Wasser. „Miau, miau!" schrie es immer wieder. „Miau!" bis Traute aufhörte es zu drücken, und nun war es zufrieden.

Zu Hause trug das Mädchen das Wolkenkätzchen in den Hof, band ihm ein wunderschönes blaues Bändchen um den Hals und gab ihm einen Ball zum Spielen. Das war lustig. Immer rollte er davon, wenn ihn das Kätzchen mit der Pfote anstieß, und rollte und rollte und wollte gar nicht aufhören zu rollen.
„Warte nur!" rief das Wolkenkätzchen, „ich erwische dich doch noch." Und es sprang ihm nach. Wie es so im schönsten Spielen war und gerade den Ball mit beiden Pfoten erhascht hatte, kam der schwarze Kater daher. „Miau, das ist mein Ball", sagte er. Das Wolkenkätzchen sah freundlich zu ihm auf. „Wollen wir nicht zusammen damit spielen?" entgegnete es.
Aber der Schwarze gab ihm keine Antwort, sondern machte einen Buckel und fauchte gar, und dabei konnte das Wolkenkätzchen spitze, weiße Zähne sehen. So etwas hatte es selber nicht, das hatte das Sternenkind wohl vergessen, ihm zu formen. Als der Schwarze weiterfauchte, bekam es Angst, ließ den Ball los und lief auf die andere Seite des Hauses.

„Miez, miez, miez!" hörte es dort rufen. Das war Trautes Stimme. Sie klang lieb und freundlich, ganz anders als das Fauchen des schwarzen Katers, und das Wolkenkätzchen lief ihr entgegen und schmiegte sich an ihre Schuhe. „Schau, weißes Kätzchen", sagte Traute, „was ich dir da bringe; du wirst wohl Hunger haben." Und sie stellte ein Schüsselchen voll Milch auf den Boden.

Das Wolkenkätzchen hatte noch nie Milch gesehen, aber es dachte sich: „Die blaue Masche um meinen Hals gefällt mir, der Ball, den mir das Mädchen gegeben hat, ist schön, so wird das Weiße da auch nicht schlecht sein", und es tauchte sein Schnäuzchen ein und schleckte mit der Zunge. Eine Zunge hatte es ja – – auf die hatte das Sternenkind nicht vergessen. Die Milch schmeckte ihm und es trank und trank und hätte bestimmt das ganze Schüsselchen ausgetrunken, wenn nicht schon wieder der schwarze Kater gekommen wäre. „Das ist meine Milch", fauchte er. „Geh fort!" Aber das Wolkenkätzchen ging nicht fort. Die Milch schmeckte ihm zu gut. Auch stand Traute dabei, da konnte ihm sicher nichts geschehen. Auf einmal zeigte der Schwarze seine Krallen und kratzte das Wolkenkätzchen. Das wollte sich wehren und auch kratzen. Aber denkt euch – – es hatte keine Krallen. Auf die hatte das Sternenkind vergessen. „Miau!" schrie es, denn die Krallen des Katers taten weh. Doch der Schwarze war so böse, daß er weiter kratzte, ganz tief in das schöne Wolkenfell hinein. Aber da kam kein Blut. Aus jedem Kratzer floß Regenwasser und das ganze Wolkenkätzchen löste sich in Wasser auf. Weg war es auf einmal. Neben dem Milchschüsselchen stand nur eine große Wasserlache, in der traurig und verlassen ein blaues Bändchen schwamm.
„Oh, mein weißes Kätzchen", jammerte Traute, „wo bist du denn?" Oben im Himmel saß noch immer das Sternenkind und putzte Sterne. Es hatte die ganze Zeit auf die Erde hinuntergeschaut und das Wolkenkätzchen beobachtet. „Oh, du mein armes Kätzchen du", weinte es nun. Aber dann wurde es ganz böse. „Du grauslicher, schwarzer Kater!" schrie es. „Na, warte nur!" Und es warf den Putzlappen hinunter und gerade in das Gesicht des Katers. Der schaute dumm drein, denn er wußte nicht, von wo der kam.

Roswitha Klob

Schneemanns Weihnachten

Die Mutter richtete ein gutes Essen für den Weihnachtsabend und hatte wenig Zeit für Ludwig und Rudi. „Geht in den Garten hinunter", sagte sie, „und tanzt mir nicht unentwegt in der Küche herum. Ihr könnt Schnee schaufeln oder sonst etwas Lustiges spielen." „Machen wir einen Schneemann", schlug Rudi vor und Ludwig war einverstanden.
Zuerst formten die Kinder einen dicken, hohen Körper und darauf wurde ein Kopf gesetzt, der war so rund wie eine Kugel. Arme bekam er auch und in die eine Hand drückten sie ihm einen mächtigen Stock. Der war dem Schneemann sehr recht, denn mit einem Stock steht man ja viel sicherer. Zwei

schwarze Kohlen waren die Augen, und eine lange gelbe Rübe wurde als Nase mitten in das Gesicht gesteckt. An der Stelle des Mundes machten sie ihm ein Loch; darüber freute sich der Schneemann am meisten, denn jetzt konnte er sprechen.

„Mir ist kalt auf dem Kopfe", sagte er. „Habt ihr nicht einen Hut für mich?" „Freilich", rief Ludwig, „darauf hätten wir jetzt beinah vergessen. Ich habe einen alten Steirerhut. Ich werde die Mutter fragen, ob ich ihn nehmen darf." Die Mutter war einverstanden, und so bekam der Schneemann einen grünen Hut mit einer langen Feder darauf. „Danke, danke", brummte er. „Und jetzt erzählt mir etwas." „Was sollen wir dir denn erzählen?" fragte Rudi. Aber dann wußte er gleich etwas. „Heute ist Weihnachten", sagte er. „Weißt du das, Schneemann?" „Nein", entgegnete der. „Woher sollte ich denn das wissen, ich bin doch gerade erst auf die Welt gekommen. Also erzählt mir etwas von Weihnachten!" „Ja, weißt du", berichtete Ludwig, „da kommt der Weihnachtsmann mit seinem großen Schlitten vom Himmel herunter, vor den Schlitten sind vier Rehlein gespannt und auf ihm liegen viele Tannenbäumchen mit Kerzen und Zuckersachen und die schenkt der Weihnachtsmann den artigen Kindern." Der Schneemann hätte gerne noch mehr gehört, doch im zweiten Stock öffnete sich ein Fenster und eine Stimme rief: „Hallo, Kinder, kommt herauf, es ist schon dunkel und kalt!" „Ja, wir kommen!" antworteten die Buben und schon waren sie fort, und der Schneemann stand allein im Garten.

„Ein Tannenbaum mit Lichtern", dachte er, „das muß schön sein! Ob ich wohl den Weihnachtsmann sehen werde, wenn er einen Baum zu Ludwig und Rudi bringt?" Er schaute zum Himmel empor. Hatte ihm nicht Ludwig erzählt, daß der Weihnachtsmann von dorther käme? Hoch oben funkelten die Sterne. So hell leuchteten sicher auch die Kerzen auf den Tannenbäumchen. Immer wieder schaute er zum Himmel empor und konnte es kaum mehr erwarten, den Weihnachtsmann, die Rehlein und den Schlitten zu sehen. Da hörte er auf einmal ein seltsames Rauschen, und mit einem Male wurde es über ihm so hell, daß er ganz weit in den Himmel hineinsehen konnte. Ganz weiß waren die Wolken; alles glänzte und glitzerte, und aus dem Gefunkel tönte das Rauschen immer näher und näher.

„Jetzt kommt er, der Weihnachtsmann mit dem großen Schlitten", flüsterte der Schneemann und zitterte am ganzen Körper vor lauter Freude und Aufregung. Und wirklich: ganz leicht kam das Himmelsfahrzeug über den Schnee dahergeglitten, voran vier Rehlein und auf dem Bock der Weihnachtsmann mit langem Bart und Pelzmütze. Und er fuhr von Haus zu Haus, einmal hierhin, dann dorthin, zündete die Lichtlein auf den Bäumen an und brachte sie in die Stuben, wo artige Kinder wohnten. Auch Ludwig und Rudi bekamen ein Weihnachtsbäumchen.

„Oh, das ist schön," sagte der Schneemann und schaute und schaute und konnte sich nicht satt sehen an all dem Glanz und der Freude. Doch mit einem Male wurde er ganz traurig, denn der Weihnachtsmann hatte beinahe schon alle Bäumchen in den Häusern verteilt. Auch war es wieder dunkler geworden und er wußte, daß er bald wieder allein im Garten stehen würde. Die Kinder,

die hatten es gut; sie konnten mit ihren Eltern und Geschwistern um den hellen Baum spielen – – – er aber? Er war ganz allein – – – mutterseelenallein. Es wurde ihm ganz bange. Da auf einmal glitt der Weihnachtsschlitten wieder an ihm vorbei. Nun waren alle Bäumchen ausgetragen, nur am Bock neben dem Weihnachtsmann stand noch ein ganz kleines Tännchen mit hellen Lichtlein. „Bleib hier, bleib hier", flüsterte der Schneemann, „und schenk mir dein Bäumchen, damit ich nicht so allein bin."
Und richtig: die Rehlein blieben stehen, der Weihnachtsmann stieg ab und hob das Bäumchen vom Schlitten. Er stellte es neben den Schneemann, nickte ihm freundlich zu und stieg dann wieder auf seinen Sitz. Die Rehlein zogen an und schon war das Himmelsfahrzeug im Dunkel verschwunden.
„Oh, wie schön, wie schön", konnte der Schneemann nur sagen, und dabei wurde es ihm so froh und warm im Herzen, daß er vor lauter Rührung weinen mußte. Immer heller brannten die Lichter an seinem Bäumchen, und immer wohliger wurde es um den Leib des Schneemanns. Er weinte und weinte und war doch so glücklich dabei. Er merkte gar nicht, daß er durch die Wärme der Flammen langsam zu schmelzen begann. Er sah nur auf das schöne Tannenbäumchen und auf die Lichter und wie eines nach dem anderen ausbrannte. Immer dünner und kleiner wurde er daneben. Er konnte gerade noch sehen, wie das letzte weiße Kerzlein erlosch. Dann flüsterte er leise: „Oh, wie schön, wie schön", und sank in sich zusammen.
Am nächsten Tag kamen die Buben mit den Rodelschlitten, die sie vom Weihnachtsmann bekommen hatten, in den Garten. Da sahen sie ein Tannenbäumchen stehen mit ausgebrannten Lichtern. „Der Weihnachtsmann war auch im Garten", rief Ludwig erstaunt. „Aber wo ist der Schneemann geblieben?" frage Rudi. „Es hat ja in der Nacht nicht getaut." „Vielleicht hat ihn der Weihnachtsmann mitgenommen", meinte Ludwig. „Er war ja auch ein ganz besonders schöner Schneemann."
Was aber wirklich geschehen war und wie schön es der Schneemann am Weihnachtsabend gehabt hatte, das wußten sie nicht. Roswitha Klob

Das vergessene Weihnachtslicht

Am Heiligen Abend wurden die Kerzen am Weihnachtsbaum angezündet. Der Vater spielte Klavier. Die Mutter spielte Gitarre. Und die Kinder sangen Weihnachtslieder. Unter dem Weihnachtsbaum lagen die Weihnachtsgeschenke.

Die Kinder freuten sich über die Geschenke. Aber sie schauten immer wieder zu dem Weihnachtsbaum und hatten ihre Freude an den Kerzen und den bunten Kugeln. Das ganze Zimmer roch nach Weihnachten.
Am Abend des ersten Weihnachtstages wurden die Kerzen wieder angezündet. Und am Abend des zweiten Weihnachtstages auch. Dann waren die Kerzen heruntergebrannt. Nach Weihnachten sollte der Weihnachtsbaum aus dem Zimmer heraus. Die Kinder halfen der Mutter. Sie holten die bunten Kugeln vom Baum herunter und verpackten sie sorgfältig in einer Schachtel. Als Jens aber ganz hinten am Baum eine Kugel abhängen wollte, entdeckte er noch eine Weihnachtskerze. Sie war so im Baum versteckt, daß sie am Heiligen Abend vergessen worden war. So hatte sie nicht ein einziges Mal leuchten dürfen.
„Wir heben sie für das nächste Jahr auf." sagte die Mutter. Aber damit waren Jens und Sabine nicht einverstanden. Sie meinten: „Wir können doch heute abend noch einmal die Kerze am Weihnachtsbaum anzünden!" Zuerst wollte die Mutter nicht. Doch die Kinder bettelten so lange, bis sie endlich zustimmte. Als der Vater später von der Arbeit nach Hause kam, konnten ihn die Kinder auch überreden. So zündeten sie am Abend das vergessene Weihnachtslicht an. Der Vater spielte auf dem Klavier. Die Mutter spielte Gitarre. Und die Kinder sangen noch einmal alle Weihnachtslieder, die sie kannten.
Die Mutter stellte noch ein Stück Weihnachtsstollen auf den Tisch. Sie fand auch noch ein paar Plätzchen und Nüsse, die von Weihnachten übrig geblieben waren. Die Kinder konnten sich an dem Weihnachtsbaum nicht sattsehen. Er sah ganz anders aus als am Heiligen Abend. Die eine Kerze verwandelte ihn. Das ganze Zimmer war verzaubert. „Eigentlich ist es jetzt fast noch schöner als am Heiligen Abend!" meinte Jens. Sie saßen lange vor dem Baum. Sie sangen Lieder. Vater erzählte eine Geschichte. Und Mutter sang ein altes Weihnachtslied, das die Kinder noch nicht kannten. Sie saßen solange vor dem Baum, bis das vergessene Weihnachtslicht ganz niedergebrannt war.

Rolf Krenzer

(Aus R. Krenzer: 52 Sonntagsgeschichten, Reha-Verlag, Bonn-Bad Godesberg)

Das Christbäumchen

Die Bäume stritten einmal miteinander, wer von ihnen der vornehmste wäre. Da trat die Eiche hervor und sagte: „Seht mich an! Ich bin hoch und dick und habe viele Äste, und meine Zweige sind reich an Blättern und Früchten."
„Früchte hast du wohl", sagte der Pfirsichbaum; „allein es sind nur Früchte für die Schweine; die Menschen mögen nichts davon wissen. Aber ich, ich liefere die rotbackigen Pfirsiche auf die Tafel des Königs."
„Das hilft nicht viel", sagte der Apfelbaum, „von deinen Pfirsichen werden nur wenige Leute satt. Auch dauern sie nur wenige Wochen; dann werden sie faul, und niemand kann sie mehr brauchen. Da bin ich ein anderer Baum. Ich trage alle Jahre Körbe voll Äpfel, die brauchen sich nicht zu schämen, wenn

sie auf eine vornehme Tafel gesetzt werden. Sie machen aber auch die Armen satt. Man kann sie den ganzen Winter im Keller aufbewahren oder im Ofen dörren oder Most daraus keltern. Ich bin der nützlichste Baum!"
„Das bildest du dir nur ein", sagte die Fichte, „aber du irrst dich. Mit meinem Holze baut man die Häuser und heizt man die Öfen. Mich schneidet man zu Brettern und macht Tische, Stühle, Schränke, ja sogar Nachen und Schiffe daraus. Dazu bin ich im Winter nicht so kahl wie ihr: Ich bin das ganze Jahr hinduch schön grün. Allein ich habe noch einen Vorzug. Wenn es Weihnachten wird, dann kommt das Christkindchen, setzt mich in ein schönes Gärtchen und hängt goldene Nüsse und Äpfel an meine Zweige. Über mich freuen sich die Kinder am allermeisten. Ist das nicht wahr?" Wilhelm Curtmann

Tanja backt Plätzchen

Vorigen Montag hatte Tanja der Mutter beim Plätzchenbacken helfen dürfen. Sie hatte gerührt und geknetet. Dann hatte die Mutter den Plätzchenteig mit dem Nudelholz ausgerollt, und Tanja hatte mit den Förmchen die Plätzchen ausgestochen, eins nach dem anderen. Das war wunderschön gewesen. Und Mutter hatte Tanja sehr gelobt. Als dann die Plätzchen gebacken waren, hatte die Mutter einige auf die Fensterbank gelegt. Tanja hatte es kaum erwarten können, bis sie kalt waren. Aber dann! Ja, dann hatten sie Tanja wunderbar geschmeckt.
„So, das ist genug!" hatte die Mutter gesagt und die anderen Plätzchen fortgetragen. „Die sind für Weihnachten!" Kein Wunder, daß Tanja seit Montag ihre Mutter jeden Tag bettelt: „Wollen wir wieder zusammen Plätzchen bakken?" Doch am Dienstag hat die Mutter keine Zeit, und nicht am Mittwoch, und am Donnerstag auch nicht. So geht das bis zum Sonntag. Da ist es Tanja leid.
Wenn die Mutter keine Zeit hat, dann will eben Tanja sich selbst an das Plätzchenbacken machen. Ja, das wird sie tun! Und das wird eine wunderschöne Überraschung für Mutter geben! Tanja wartet bis nach dem Mittagessen. Sie weiß, daß sich sonntags ihre Eltern immer für ein Stündchen hinlegen. Da muß Tanja auch ganz ruhig sein.
Ja, Tanja verspricht, ganz, ganz ruhig zu sein. Schließlich braucht man ja beim Plätzchenbacken auch keinen Lärm zu machen. Als Tanja allein in der Küche

ist, holt sie sich alles aus dem Schrank und aus dem Kühlschrank, was sie für das Plätzchenbacken braucht. Selbstverständlich hat sie vorigen Montag gut aufgepaßt. Sie stellt alles vor sich auf den Küchentisch: Mehl und Zucker, zwei Eier, Butter, Milch und das seltsame weiße Zeug in der kleinen Tüte, das die Mutter Backpulver nennt. „Ohne Backpulver klappt es nicht!" hat die Mutter gesagt. Und Tanja hat es sich genau gemerkt. Sie holt noch eine Schüssel und schüttet sogleich das Mehl hinein. Das staubt ein bißchen. Doch Tanja läßt sich von einem bißchen Staub nicht stören. Schließlich gibt es in der Küche genug Lappen, mit denen man später alles wieder wegwischen kann. Seltsam, als Mutter die Eier aufgeschlagen hat, ging alles so einfach! Tanja hat große Mühe, die Eier am Schüsselrand entzwei zu schlagen. Sie muß kräftig zuschlagen. Na, endlich! Jetzt hat es geklappt! Tanja kann sich allerdings nicht daran erinnern, daß Mutter die kaputten Schalen auch in die Schüssel geworfen hat. In den Plätzchenteig gehören sie jedenfalls nicht hinein.

So durchsucht Tanja mit beiden Händen vorsichtig das Mehl in der Schüssel und holt alle Eierschalen heraus, die sie findet. Beim Aufschlagen des zweiten Eies ist sie viel vorsichtiger. Und wirklich, keine einzige Eierschale fällt in die Schüssel. Da schadet es auch nichts, wenn das Eigelb an der Außenseite der Schüssel nach unten läuft und sich auf der Tischplatte breit macht. Tanja weiß sich zu helfen. Sie hält einfach die Schüssel unter den Tischrand und schiebt mit einer Hand den Eimatsch hinein.

Damit jetzt der Zucker und die anderen Sachen noch in die Schüssel kommen können, muß Tanja eine kleine Pause machen und ihre Finger ablecken. Aber dann gibt sie sich mit Schwung wieder an die Arbeit. Zucker und Backpulver, Milch und Butter landen sicher in der Schüssel. Als Tanja aber dann mit dem Rühren anfangen will, bereitet ihr das Butterstück Schwierigkeiten. So sehr Tanja auch dagegenschlägt, es will sich nicht auflösen.

Mit der Zeit wird es schon schmelzen, denkt Tanja und steckt ihre Arme in die Hüften, die vom vielen Rühren ein bißchen wehtun. Und dann fällt ihr ein, daß sie etwas ganz Wichtiges vergessen hat. Die Mutter hatte noch ein kleines Glasfläschchen aus dem Schrank geholt. Sie hatte den Deckel abgeschraubt, und Tanja hatte alles in den Plätzchenteig gießen dürfen. Es hatte wunderbar gerochen. Ja, richtig! Zitronen-Aroma war in dem Fläschchen gewesen. Und Zitronen-Aroma will Tanja auch jetzt in jedem Fall an ihren Plätzchen haben. Sie sucht zuerst im Schrank, dann im Kühlschrank, dann im Brotfach, im Gewürzschrank, in den vielen Schubladen ... überall, wohin sie nur gelangen kann. Zitronen-Aroma kann sie nicht finden. Wenn es schon kein Zitronen-Aroma sein kann, dann muß es etwas anderes sein, das gut riecht, denkt Tanja. Gut riechen sollen Tanjas Plätzchen jedenfalls!

Da fallen ihr die kleinen Fläschchen ein, die Mutter im Bad in dem Schränkchen über dem Spülstein stehen hat. Manchmal nimmt Mutter etwas davon und streicht es sich hinters Ohr. Sie hat auch schon einmal etwas auf Tanjas Taschentuch gespritzt. Das hat ganz herrlich gerochen! Tanja möchte, daß ihre Plätzchen auch so gut riechen.

Kurz entschlossen läuft sie zum Badezimmer. Aber der Schrank über dem Spülstein ist so hoch, daß Tanja auch dann nicht herankommt, wenn sie sich auf ihre Zehenspitzen stellt oder am Waschbecken hochzieht. So läuft sie zur Küche und schleppt einen Küchenstuhl herbei. Der Stuhl ist so sperrig, daß es ordentlich Lärm macht, als Tanja mit ihm zum Badezimmer geht. Aber jetzt klappt alles wie geschmiert! Sie erreicht den Schrank über dem Spülstein, wenn sie sich nur ein bißchen reckt. Sie öffnet die Tür und greift nach dem ersten Fläschchen, was sie sieht.
Da steht plötzlich der Vater hinter ihr. Er sieht noch recht verschlafen und verknautscht aus. „Du wolltest doch keinen Lärm machen!" sagt er vorwurfsvoll! Dann schreit er: „Claudia! Sie hat dein Parfüm!" Natürlich, schon ist die Mutter auch da. Sie hilft Tanja, vom Stuhl herunterzusteigen. Dann fragt sie: „Was wolltest du denn mit dem Parfüm?" Da beginnt Tanja zu weinen. Sie weint so hemmungslos, daß Vater und Mutter ihre Arme um sie legen müssen. „Ich wollte euch doch überraschen!" jammerte sie. „Jetzt ist alles verdorben. Die Butter schmilzt nicht ... und das gute Riech-Aroma habt ihr mir auch fortgenommen!"
Tanjas Mutter ist eine gute Hausfrau. Sie läßt sich nicht aus der Ruhe bringen, als sie Tanjas Teigschüssel auf dem Küchentisch entdeckt. Sie ist sogar eine ganz liebe Mutter. Sie holt die Butter aus der Schüssel und stellt sie in einem kleinen Topf auf den Herd. Und wirklich, dort beginnt sie sogar zu schmelzen. Dann beginnt sie den Plätzchenteig anzurühren, Und sie zaubert auch noch ein Fläschchen Zitronen-Aroma aus ihrer Einkaufstasche. Tanjas Mutter ist wirklich eine liebe Mutter. Tanja darf wieder beim Plätzchenbacken helfen. „Aber nur helfen!" sagt die Mutter zu Tanja. „Nicht mehr allein backen! Versprichst du mir das?" In diesem Augenblick würde Tanja ihrer Mutter alles versprechen.

Der letzte Weihnachtsbaum

Auf dem Weihnachtsmarkt hatten viele Weihnachtsbäume gestanden, große und kleine, teure und ganz teure. Alle Weihnachtsbäume hatte der Händler verkaufen können. Nur ein einziges Bäumchen war übrig geblieben. Es war ein wenig windschief gewachsen und auch recht klein. Gar mancher hatte es prüfend in die Hand genommen, dann aber wieder hingestellt. Und ein Mann hatte sogar gesagt: „Nein, es ist wirklich zu mickrig!"
Als der Weihnachtsbaumverkäufer am Abend seine Sachen zusammenpackte, überlegte er, ob der das Bäumchen mitnehmen sollte. „Ach, was!" sagte er dann und ließ es einfach an der Mauer stehen. Er setzte sich in seinen großen Lastwagen und fuhr davon, ohne sich auch nur noch einmal nach dem armseligen Weihnachtsbäumchen umzusehen.
Der Marktplatz wurde immer leerer. Es wurde immer dunkler. Dann begann es zu schneien. Doch die weißen Schneeflocken verwandelten sich auf dem

Pflaster des Marktplatzes schnell in schmutziges Wasser. So stand das Bäumchen bis tief in die Nacht allein auf dem Marktplatz herum, scheu an die Wand gedrückt und von keinem beobachtet. Zwei Tage und zwei Nächte stand das Bäumchen dort. Dann war Heiliger Abend.

Überall in den Wohnungen wurden die Weihnachtsbäume geschmückt. Als es dann dunkel wurde, erstrahlten die Kerzen. Und die Erwachsenen und die Kinder sangen so laut und fröhlich ihre Weihnachtslieder, daß man es bis unten auf dem Marktplatz hören konnte. In dieser Nacht drückte sich auch der alte Henry durch die Straßen. Der alte Henry war ein Pennbruder, der keinen Menschen auf der Welt hatte, bei dem er Weihnachten feiern konnte. Im letzten Jahr war er zu einer Weihnachtsfeier eingeladen worden. Es hatte Plätzchen und Kuchen gegeben. Aber all die rührseligen Worte, die er dort gehört hatte, hatten ihm nicht gefallen. Er war nur noch trauriger davon geworden. Deshalb wollte er in diesem Jahr lieber ganz allein bleiben. Als er das armselige Bäumchen in der dunklen Marktecke erblickte, blieb er verwundert stehen. „Du siehst ja ganz schön mitgenommen aus!" brummte er in seinen Bart. Er packte das Bäumchen, hob es vorsichtig hoch, betrachtete es von allen Seiten und stellte es dann ganz behutsam wieder auf seinen Platz zurück. Er seufzte einmal tief und wollte weitergehn. Doch dann blieb er wieder stehen, beugte sich erneut zu dem Bäumchen hinunter und hob es zu sich herauf. Er nahm es in seinen Arm und ging schnellen Schrittes durch die Nacht.

Nahe am großen Fluß stand eine alte Baracke. Dort schlief der alte Henry manchmal. Dort traf er auch manchmal seinen Kumpel, den Klamotten-Camillo. Der wohnte nämlich dort. Als sich der alte Henry der Baracke näherte, sah er, daß dort Licht brannte. „Ich bins, der Henry!" sagte er, als er an der schäbigen Tür anklopfte. „Komm herein!" tönte es aus der Baracke. „Ich habe mir schon gedacht, daß wir uns heute noch treffen!" „Willst du mit mir essen?" fragte der Klamotten-Camillo und reichte dem alten Henry ein Stück Brot und eine Wurst herüber. Doch der alte Henry sucht zuerst solange in dem Raum herum, bis er zwei alte Kerzenstummel gefunden hatte. Mit etwas Draht befestigte er die Kerzen an dem Bäumchen. Dann stellte er den Weihnachtsbaum in eine leere Kaffeekanne und zündete mit einem Streichholz beide Kerzen an.

„Mensch, du bist einer!" flüsterte der Klamotten-Camillo und knipste das Licht aus. Und dann hockten die beiden alten Männer vor dem Weihnachtsbäumchen in der schäbigen Kaffeekanne. Sie redeten nichts. Sie sangen keine Weihnachtslieder. Sie schauten nur das Bäumchen mit den beiden brennenden Kerzen an. Sie saßen ganz eng beieinander und erfuhren, daß Weihnachten war. Als die Kerzen ganz niedergebrannt waren, räusperte sich der Klamotten-Camillo und sagte: „Jetzt iß aber endlich was! Schließlich gibt es solche Wurst bei mir nicht alle Tage. Aber es dauerte noch lange, bis sie das elektrische Licht wieder anknipsten.

Weihnachtsgedichte und Weihnachtsreime

Weihnachten

Ein Kind wurde geboren
im Stall in dunkler Nacht.
Es hat das helle Licht uns
in unsre Welt gebracht.

Ein Kind wurde geboren,
da strahlt ein heller Stern.
Und viele Leute kamen
und suchten nach dem Herrn.

Ein Kind wurde geboren.
Den Namen wißt ihr schon.
Das Kind heißt Jesus Christus.
Das Kind ist Gottes Sohn.

© Rolf Krenzer

Du lieber, heilger frommer Christ

Du lieber, heilger, frommer Christ,
weil heute dein Geburtstag ist,
drum ist auf Erden weit und breit,
bei allen Kindern frohe Zeit.

Ernst Moritz Arndt

Ihr Hirten erwacht

Volkstümlich aus Schlesien

Ihr Hirten erwacht,
seid munter und lacht,
die Engel sich schwingen
vom Himmel und singen:
Die Freude ist nah,
der Heiland ist da

Ihr Hirten, geschwind,
kommet, singet dem Kind,
blast in die Schalmeien,
sein Herz zu erfreuen,
auf, suchet im Feld
den Heiland der Welt.

Sie hören das Wort
und eilen schon fort.
Sie kommen in Haufen
nach hierher gelaufen,
und fanden da all
den Heiland im Stall.

Sie kennen geschwind
das himmlische Kind:
Sie fielen darnieder
und sangen ihm Lieder
und bliesen dabei
die Flöt' und Schalmei.

Ihr Kinderlein kommet

Ihr Kinderlein kommet, o kommet doch all',
zur Krippe her kommet in Bethlehems Stall,
und seht, was in dieser hochheiligen Nacht,
der Vater im Himmel für Freude uns macht!

O seht in der Krippe, im nächtlichen Stall,
seht hier bei des Lichtleins hellglänzendem Strahl,
in reinlichen Windeln das himmliche Kind,
viel schöner und holder, als Engel es sind.

Da liegt es, das Kindlein, auf Heu und auf Stroh.
Maria und Josef betrachten es froh;
die redlichen Hirten knien betend davor,
hoch oben schwebt jubelnd der Engelein Chor.

O beugt wie die Hirten anbetend die Knie,
erhebet die Hände und danket wie sie!
Stimmt freudig, ihr Kinder, wer wollt' sich nicht freun!
Stimmt freudig zum Jubel der Engel mit ein.

Christoph von Schmid

Weihnachtszeit kommt nun heran

Volkstümlich

Weihnachtszeit kommt nun heran,
Sterne leuchten hell.
Ruprecht blas die Wolken an,
daß der Schnee bald fallen kann.
Winter ist zur Stell'.

Ist das Säcklein leergemacht
bis zum letzten Rest.
Ruprecht zünd' die Lichter an,
daß Frau Holle singen kann
uns zum frohen Fest.

Packt euch Heu und Häcksel ein,
ihr müßt lange fahren.
Ruprecht zünd' die Lichter an,
daß Frau Holle sehen kann,
ob wir fleißig waren.

Kinderlied zu Weihnachten

Gotts Wunder, lieber Bu,
geh, horch ein wenig zu,
was ich dir will erzählen,
was geschah in aller Fruh.

Da geh ich über ein Heid,
wo man die Schäflein weidt,
da kam ein kleiner Bu gerennt,
ich hab ihn all mein Tag nicht kennt.

Gotts Wunder, lieber Bu,
geh, horch ein wenig zu.

Den alten Zimmermann,
den schaun wir alle an,
der hat dem kleinen Kindelein
viel Gutes angetan.

Er hat es so erkußt,
es war ein' wahre Lust,
er schafft das Brot, ißt selber nicht.
Ist auch sein rechter Vater nicht.

Gotts Wunder , lieber Bu,
geh, lausch ein wenig zu.

Hätt ich nur dran gedenkt,
dem Kind hätt ich was gschenkt,
zwei Äpfel hab ich bei mir ghabt,
es hat mich freundlich angelacht.

Gotts Wunder, lieber Bu,
geh, horch ein wenig zu.

(Aus: Des Knaben Wunderhorn)

Alte Kinderverse

Christkindele, Christkindele,
komm doch zu uns herein,
wir haben ein Heubündele
und auch ein Gläsele Wein.
Das Bündele fürs Esele,
fürs Kindele das Gläsele –
und beten können wir auch.

Ei, du lieber Heil'ger Christ!
Komm nur nicht, wenn's dunkel ist,
komm im hellen Mondenschein,
wirf mir Nüss' und Äpfel rein!

Christkindchen,
komm in unser Haus,
leer deine große Tasche aus,
stell' dein' Schimmel untern Tisch,
daß er Heu und Hafer frißt.
Heu und Hafer frißt er nicht,
Zuckerbrezel kriegt er nicht.

Heil'ger Christ, wir flöten,
trommeln und trompeten:
Bring uns recht was Schönes mit,
lieber, guter, Heil'ger Christ!

Still, still, still, wer Gott erkennen will.
Ein Kind, geborn in einer Nacht,
Hat uns das Heil der Welt gebracht
Still, still, still, wer Gott erkennen will.
Wo, wo, wo, wo ist das Kindelein?
Zu Bethlehem ihr's liegen findt
In einer Kripp das Jesuskind.
Wo, wo, wo, wo ist das Kindelein?

Ich wünsch mir was

Ich wünsch mir was!
Was ist denn das?
Das ist ein Schloß aus Marzipan
mit Türmen aus Rosinen dran
und Mandeln an den Ecken.
Ganz zuckersüß und braungebannt
und jede Wand aus Zuckerkand –
da kann man tüchtig schlecken!
Und Diener laufen hin und her
mit Saft und Marmelade,
und drinnen, in dem Schlosse drin,
sitzt meine Frau die Königin –
die ist aus Schokolade!

Unbekannt

Denkt euch …

Denkt euch – ich habe das Christkind gesehn!
Es kam aus dem Walde, das Mützchen voll Schnee,
mit rotgefrorenem Näschen.
Die kleinen Hände taten ihm weh;
denn es trug einen Sack, der war gar schwer,
schleppte und polterte hinter ihm her –
was drin war, möchtet ihr wissen?
Ihr Naseweise, ihr Schelmenpack –
meint ihr, er wäre offen, der Sack?
Zugebunden bis oben hin!
Doch war gewiß etwas Schönes drin:
Es roch so nach Äpfeln und Nüssen!

Anna Ritter

Wo die Zweige am dichtesten hangen,
die Wege am tiefsten verschneit,
da ist um die Dämmerzeit
im Walde das Christkind gegangen.
Es mußte sich wacker plagen,
denn einen riesigen Sack
hat's meilenweit huckepack
auf den schmächtigen Schultern getragen.
Zwei spielende Häschen saßen
geduckt am schneeigen Rain.
Die traf solch blendender Schein,
daß sie das Spielen vergaßen.
Doch das Eichhorn hob schnuppernd die Ohren
und suchte die halbe Nacht,
ob das Christkind von all seiner Pracht
nicht ein einziges Nüßchen verloren.

Anna Ritter

Weihnachtslieder

Bei der vorliegenden Auswahl wird bewußt auf die traditionell gesungenen Weihnachtslieder verzichtet, weil Text und Melodie als bekannt vorausgesetzt werden können. Dafür werden hier neuere und ganz neue Lieder vorgestellt, die auch bereits den jüngsten Kindergartengruppen zugänglich gemacht werden können.

Wir zünden eine Kerze an

In dunkler, kalter Winternacht
Wird dieses kleine Licht entfacht.
In unserem Dunkeln brennt ein Licht!
Wir wissen: Gott vergißt uns nicht.
Oh, leuchte, leuchte, kleines Licht,
Leuchte, doch verbrenne nicht!

Ein Lied, das beim Anzünden der Kerzen am Weihnachtsbaum oder am Adventskranz gesungen werden kann.

(Aus I. Lotz/R. Krenzer: Mach mit uns Musik, Kaufmann, Lahr – Kösel, München)

Weihnachtsmann, hör dir unsre Wünsche an

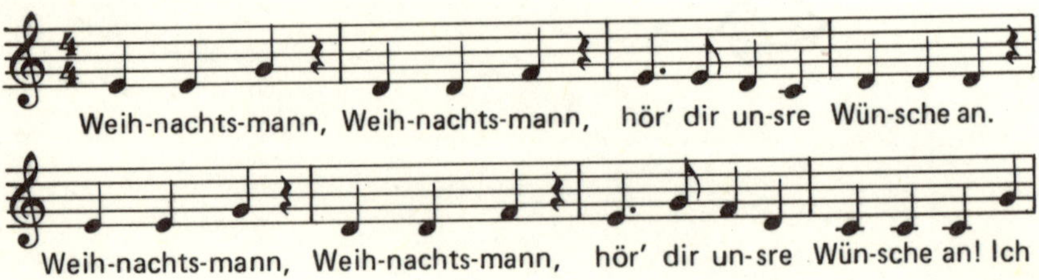

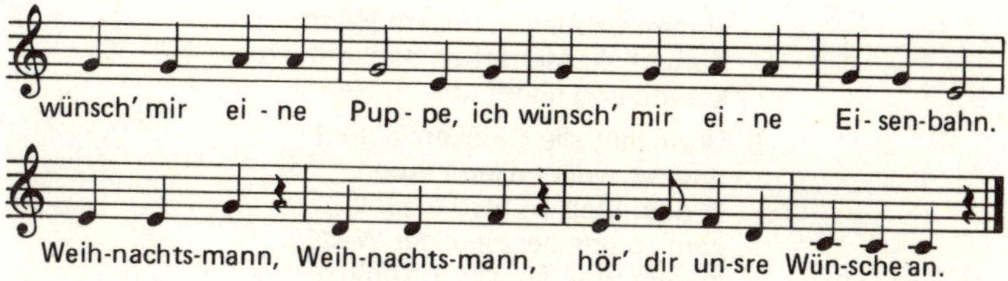

Der Weihnachtsmann geht im Kreis herum. Immer, wenn er vor einem Mitspieler stehen bleibt, darf der seine Weihnachtswünsche sagen. Anschließend singen wir wieder gemeinsam.

(Aus I. Lotz/R. Krenzer: Mach mit uns Musik, Kaufmann, Lahr – Kösel, München)

Hört ihr alle Glocken läuten?

(zu Lukas 2)

Melodie: Walter Vahrenkamp / Text: Rolf Krenzer

2. Auf den Feldern bei den Schafen
sind die Hirten eingeschlafen.
Doch ein Engel weckt sie dann:
Lauft zum Stall! Schaut Jesus an!
Doch ein Engel weckt sie dann:
Lauft zum Stall! Schaut Jesus an!

3. Viele Menschen wollen sehen,
was im Stall dort ist geschehen.
Hell erstrahlt der Weihnachtsstern.
Kommt und findet dort den Herrn!
Hell erstrahlt der Weihnachtsstern.
Kommt und findet dort den Herrn!

4. Hört ihr alle Glocken läuten?
Sagt, was soll das wohl bedeuten?
Kommt, ihr Menschen nah und fern,

kommt und findet unsern Herrn!
Kommt, ihr Menschen nah und fern,
kommt und findet unsern Herrn!

5. Drum laßt alle Glocken läuten!
Sagt es weiter allen Leuten.
In dem Stall, so wird erzählt,
kam zu uns der Herr der Welt.
In dem Stall, so wird erzählt,
kam zu uns der Herr der Welt.

(Aus R. Krenzer [Hrsg.]: Regenbogen bunt und schön, Ernst Kaufmann, Lahr – Kösel, München.)

Wiegenlied

© Melodie: Klaus Irmer / Text: Rolf Krenzer

Still ist's im Zimmer ...

2. Mit meiner Decke wärme ich dich.
Schlafe, mein Kleiner(s), drück dich an mich.

Still ist's im Zimmer ...

3. Auf meinen Armen wiege ich dich.
Schlafe, mein Kleiner(s), drück dich an mich.

Still ist's im Zimmer ...

4. Mit meiner Liebe schütze ich dich.
Schlafe, mein Kleiner(s), drück dich an mich.

Still ist's im Zimmer ...

Das Lied kann auch in zwei Gruppen gesungen werden. Dabei singt die erste Gruppe Refrain und Lied, die zweite Gruppe summt den Refrain, während die erste Gruppe das Lied singt. Den Refrain singen dann beide Gruppen gemeinsam.

In der Nacht

(Lukas 2, 1–20, Mattäus 2, 1–12)
Melodie: Hans Werner Clasen / Text: Rolf Krenzer

2. In der Nacht,
in der Nacht,
mitten in der Nacht
hat Maria ein Kind zur Welt gebracht.
In der finsteren Nacht
ist ein Stern aufgewacht.
In der Nacht,
mitten in der Nacht.

3. In der Nacht,
in der Nacht,
mitten in der Nacht
hat Maria ein Kind zur Welt gebracht.
Kommen Hirten herein,
um dem Kind nah zu sein.
In der Nacht,
mitten in der Nacht.

4. In der Nacht,
in der Nacht,
mitten in der Nacht
hat Maria ein Kind zur Welt gebracht.
Weise Männer von fern
finden hier unsern Herrn.
In der Nacht,
mitten in der Nacht.

5. In der Nacht,
in der Nacht,
mitten in der Nacht
hat Maria ein Kind zur Welt gebracht.

Gottes Sohn liegt im Stall!
Ja, da kommen wir all!
In der Nacht,
mitten in der Nacht.

6. In der Nacht,
in der Nacht,
mitten in der Nacht
hat Maria ein Kind zur Welt gebracht.
Ja, da kommen wir gern,
und wir loben den Herrn.
In der Nacht,
mitten in der Nacht.

(Aus R. Krenzer [Hrsg.]: Regenbogen bunt und schön, Ernst Kaufmann, Lahr – Kösel, München.)

Hast du's schon gehört? (Weihnachtslied) Melodie und Text: Rolf Krenzer

(Aus R. Krenzer [Hrsg.]: Regenbogen bunt und schön , Ernst Kaufmann, Lahr – Kösel, München.)

Wie war das mit dem Esel? Melodie: Hans-Werner Clasen / Text: Rolf Krenzer

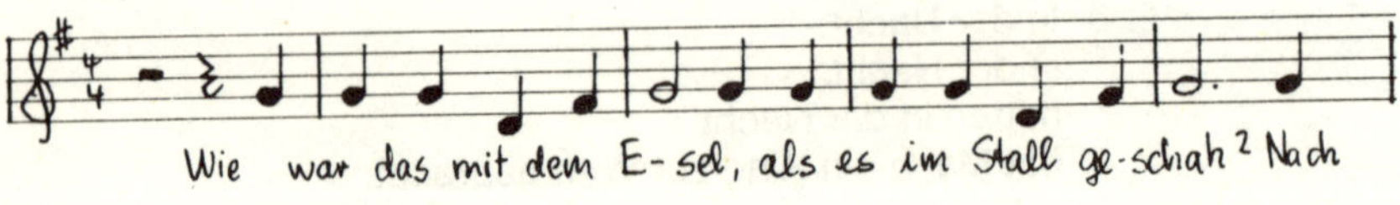

Wie war das mit dem Esel,
als es im Stall geschah?
Nach langem Weg in dunkler Nacht
ward hier ein Kind zur Welt gebracht.
Maria wiegt es auf dem Arm.
Im Stall, da war es hell und warm
Wie war das mit dem Esel,
als es im Stall geschah?
Wie war das mit dem Esel?
Er sagte leis: „I-a, i-a, i-a!"

Wie war das mit dem Ochsen?
Er stand und schaute zu.
Maria legt das Kind so klein
ins warme Stroh der Krippe rein.
Sie schaut es an und lächelt froh,
denn Gottes Sohn schläft hier im Stroh.
Wie war das mit dem Ochsen?
Er stand und schaute zu.
Wie war das mit dem Ochsen?
Er sagte leise: „Muh-muh-muh-muh-muh!"

Wie war das mit den Schafen?
Sie waren in der Näh'.
Die Hirten ließen alles stehn
und wollten gleich zu Jesus gehn.
Sie kamen in den Stall hinein
und wollten bei dem König sein.
Wie war das mit den Schafen?
Sie waren in der Näh'.

Wie war das mit den Schafen?
Sie sagten leise: „Mäh-mäh-mäh-mäh-mäh!"

(Aus R. Krenzer/H.-W. Clasen:
Ich schenke dir ein Lied von mir, Edition Kemper im Verlag Ernst Kaufmann, Lahr)

Kommet ihr Hirten all

Melodie: Gertrud Lorenz /
Text: Gertrud Lorenz und Rolf Krenzer

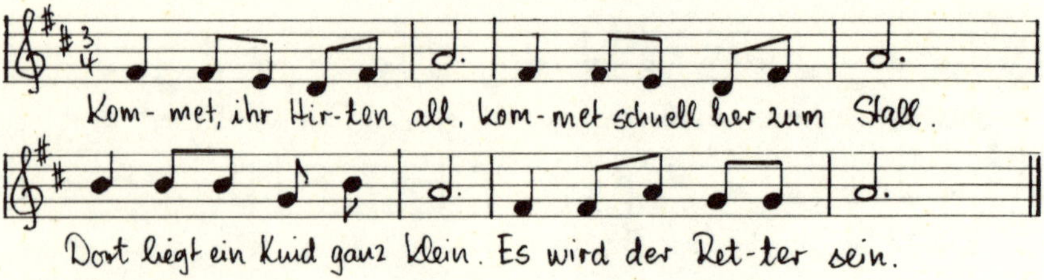

2. Kommet ihr Hirten all, kommet schnell her zum Stall.
   Die Mutter hält's im Arm. Da hats das Kindlein warm.
3. Kommet ihr Hirten all, kommet schnell her zum Stall.
   Tanzet dem Kindlein vor. Singet ihm was ins Ohr.
4. Kommet ihr Hirten all, kommet schnell her zum Stall.
   Da schläft das Kind jetzt ein. Drum müßt ihr leise sein.
5. Kommet ihr Hirten all, kommet schnell her zum Stall.
   Ruft's in die Welt hinein: Jesus wird Retter sein.
6. Kommet ihr Hirten all, kommet schnell her zum Stall.
   Jeder darf mit uns gehn. Jeder darf Jesus sehn.

(Aus R. Krenzer [Hrsg]: 100 einfache Lieder Religion, Ernst Kaufmann, Lahr – Kösel, München.)

Komm, wir geh'n nach Bethlehem

Volkstümlich aus Böhmen

Fritz, du spielst den Dudelsack!
Didl, dudl, didl, dudl …

Hansel, blas die Flöte du!
Didl, dudl, didl, dudl …

Und du, Jörgel, streich die Geig!
Fidl, fidl, fidl … fei.

Max, du laß den Baß erklingen!
Brummi, brummi … brumm!

Die Welt ist froh

Melodie: Gertrud Lorenz /
Text: Gertrud Lorenz und Rolf Krenzer

2. Die Welt ist froh.
Ein Kind ist geboren.
Es bringt die Liebe in die Welt.
Das Jesuskind.

3. Die Welt ist froh.
Ein Kind ist geboren.
Es bringt die Freude in die Welt.
Das Jesuskind.

(Aus R. Krenzer [Hrsg.]: 100 einfache Lieder Religion, Ernst Kaufmann, Lahr – Kösel, München.)

Alle wolln zum Stall hingehn

Melodie: russisches Kinderlied /
Neuer Text: Rolf Krenzer

2. Alle wolln zum Stall hingehn.
Alle wollen Jesus sehn.
Auf dem Stroh arm und klein.
Kommt herzu, tretet ein.
Alle wissen es schon:
Jesus ist Gottes Sohn.
Drum wolln wir zum Stall hingehn.
Drum wollen wir Jesus sehn.

(Aus R. Krenzer [Hrsg.]: 100 einfache Lieder Religion, Verlag Ernst Kaufmann, Lahr – Kösel-Verlag, München.)

Wir wollen heut Weihnachten feiern Melodie und Text: Rolf Krenzer

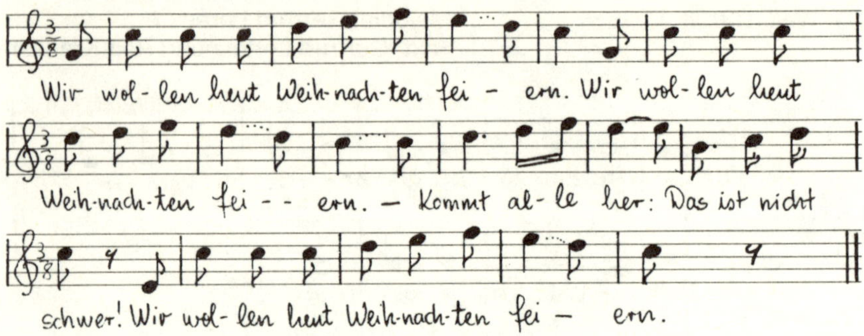

2. Wir wollen von Jesus erzählen. ...
3. Wir wollen ein Krippenspiel spielen. ...
4. Wir wollen den Weihnachtsbaum schmücken. ...
5. Wir wollen Geschenke verpacken. ...
6. Wir wollen die Kerzen anzünden. ...
7. Wir wollen Geschenke auspacken. ...
8. Wir wollen ein Weihnachtslied singen. ...

Das Lied regt zu kleinen Tätigkeiten an und kann jeweils als verbindende Strophe wieder eingesetzt werden.

(Vergl.: Wir wollen den Weihnachtsbaum schmücken, in I. Lotz/R. Krenzer: Mach' mit uns Musik, Kaufmann, Lahr – Kösel, München)

Weihnachts-Spiellieder – Weihnachtsspiele

Das erste Spielen kann sich aus einem Lied entwickeln, beispielsweise aus einem Lied, das in Rede und Gegenrede die Herbergssuche schildert. Die hier vorgestellten Spiele und Spiellieder sind nach ihrem Schwierigkeitsgrad geordnet. Beginnend mit kleinen Spielliedern, an denen sich jeder im Kreis oder im Halbkreis beteiligen kann – sie können aber durchaus bei einer Weihnachtsfeier auch aufgeführt werden – folgen einige Spiele mit umfangreicheren Texten.

Alle hier vorgestellten Spiele können überall und jederzeit gespielt werden. Voraussetzung ist, daß Erzieher und Kinder Lust zum Spielen haben. Dieses Spielen ist weder auf eine Bühne noch auf Beleuchtung angewiesen. Auch das sonstige Zubehör des Theaters kann entfallen. Ein paar Stühle im Halbkreis aufgestellt ergeben schon den Zuschauerraum. Die Spiele im Kindergarten entwickeln sich vorwiegend aus dem Kreisspiel. Wenn ein Spiel in einem solchen Kreis entsteht und entwickelt wird, läßt es sich ohne Schwierigkeiten an jeden Ort übertragen.
Die Textauswahl eines solchen Spiels muß sich allein an dem Spielvermögen und der Spielbereitschaft der angesprochenen Kindergartengruppe orientieren. Wenn Kinder vom Spieltext oder von der Spieldauer überfordert werden, verliert sich sehr schnell die Spiellaune. Und ein eingetrichtertes Spiel macht weder dem Spielleiter noch den Mitspielern Spaß.
Spieltexte können aus Spielliedern entstehen, können das Spiellied durch Zwischentexte und -szenen erweitern, zu einem umfangreicheren Spiel machen. Spiele können auch aus den Inhalten einer Geschichte, die zunächst spontan nachgespielt wurde, nach und nach festgestellt werden. Der Spieltext stellt eine Rohware dar, die erst durch das tätige Umgehen, durch die Umsetzung in ein mögliches Spiel, ausgestaltet wird.
So dürfen alle hier vorgelegten Texte und Lieder beschnitten, verändert und umgestaltet werden. Der Spieltext liefert die Spielidee und gibt Anregungen zur Spielgestaltung. In welcher Weise sich daraus ein Spiel entwickelt, das dann auch bei einer Weihnachtsfeier aufgeführt werden kann, liegt allein in den Händen der Spielgruppe und ihres Spielleiters.
Eine Reihe erprobter Weihnachts- und Krippenspiele findet man in R. Krenzer: Wir spielen Theater, Band 2, Edition Kemper im Verlag Ernst Kaufmann, Lahr.

Herbergssuche: Ach, ich kann nicht mehr. Melodie und Text: Rolf Krenzer

Maria und Josef gehen von einem Gasthaus zum anderen und wiederholen ihre Anfrage. Sie werden immer wieder weitergeschickt. Zum Schluß wird ihnen von einem Wirt der Stall gezeigt.

Leider, leider,
leider, leider!
Voll besetzt ist jedes Haus.

Geht nur weiter,
geht nur weiter!
Ruht euch in dem Stall dort aus!

(Aus R. Krenzer [Hrsg.]: Regenbogen bunt und schön, Ernst Kaufmann, Lahr – Kösel, München.)

Herbergssuche: Wer klopft den hier?

Musik: Klaus Irmer /
Text: Rolf Krenzer

Maria und Josef klopfen an ein Gasthaus an.

Maria und Josef gehen weiter zum nächsten Gasthaus. Das Lied wird an verschiedenen Stationen wiederholt. Bei der letzten Station zeigt einer Maria und Josef den Stall und führt sie dorthin:

Komm mit mir Melodie: Inge Lotz / Text: Rolf Krenzer

Einer: Komm mit mir,
Komm mit mir!
Wir gehen zum Stall.
Komm mit mir,
Komm mit mir!
Wir freuen uns all.

Er geht auf einen Mitspieler zu und bleibt vor ihm stehen.

Alle: Dem Kind in der Krippe,
Dem schenken wir heut,
Was gut ist,
Was schön ist,
Damit es sich freut.

Der erste Spieler fragt den Mitspieler: „Was willst du dem Kind schenken?"

Der zweite Spieler zeigt sein Geschenk und benennt es. Der erste Spieler nimmt ihn an der Hand und beide gehen zusammen und singen: Komm mit mir … usw. Beide Spieler ziehen einen dritten Mitspieler in das Spiel ein. Es folgen immer mehr, so daß am Schluß alle in einer langen Reihe mitgehen. Zum Schluß bleiben alle vor der Krippe stehen, legen ihre Geschenke vor der Krippe ab, stellen sich im Halbkreis auf und singen gemeinsam das Lied: Im Stall liegt das Kind.

Im Stall liegt das Kind Melodie: Inge Lotz / Text: Rolf Krenzer

Im Stall liegt das Kind hier
Auf Heu und auf Stroh.
Der Herr ist geboren,
Wir sind alle froh.

Das Kind in der Krippe,
Es heißt Jesus Christ.
Wir freun uns, weil heut
Sein Geburtstag ist.

(Aus I. Lotz/R. Krenzer: Hast du unsern Hund gesehen? Ernst Kaufmann, Lahr – Kösel, München.)

Sieben Hirten (Hirten-Spiellied) Melodie: Inge Lotz / Text: Rolf Krenzer

Hirtenlied

Heute ist Jesus geboren! Lauft zum Stall!
Noch sechs Hirten schlafen hier bei ihren Schafen.
Da, ein helles Licht! Und der Engel spricht:
Heute ist Jesus geboren! Lauft zum Stall!
Noch fünf Hirten schlafen hier bei ihren Schafen.
Da, ein helles Licht! Und der Engel spricht:
Heute ist Jesus geboren! Lauft zum Stall!

Noch vier Hirten schlafen hier bei ihren Schafen.
Da, ein helles Licht! Und der Engel spricht:
Heute ist Jesus geboren! Lauft zum Stall!
Noch drei Hirten schlafen hier bei ihren Schafen.
Da, ein helles Licht! Und der Engel spricht:
Heute ist Jesus geboren! Lauft zum Stall!
Noch zwei Hirten schlafen hier bei ihren Schafen.
Da, ein helles Licht! Und der Engel spricht:
Heute ist Jesus geboren! Lauft zum Stall!
Seht ihr den noch schlafen hier bei seinen Schafen?
Da, ein helles Licht! Und der Engel spricht:
Heute ist Jesus geboren! Lauft zum Stall!
Sieben Hirten schlafen nicht mehr bei den Schafen.
Kommt, ihr Hirten all, kommt und lauft zum Stall!

Die Hirten liegen auf der Erde und schlafen. Der Engel weckt einen schlafenden Hirten und sagt ihm seine Botschaft. Beim nächsten Vers weckt der Hirte seinen Kameraden. Einer weckt den anderen. Zum Schluß gehen alle gemeinsam zum Stall. Das Spiellied kann auch im Gottesdienst gespielt werden.

(Aus I. Lotz/R. Krenzer: Wir sind die Musikanten, Ernst Kaufmann, Lahr – Kösel, München.)

Hans, wach auf (Hirten-Spiellied) (Lukas 2, 8–20)

Melodie: Hans-Werner Clasen / Text: Rolf Krenzer

2. „Klaus, wach auf, was mag das sein?
Um uns ist ein heller Schein!
Und dort seh' ich Leute stehn,
die ich vorher nie geseh'n!
Klaus, wach auf, was mag das sein?"

3. „Lars, wach auf, was mag das sein?
Um uns ist ein heller Schein!
Schau, jetzt kommen sie im Nu
immer näher auf uns zu!
Lars, wach auf, was mag das sein?"

4. „Hirten, auf, erhebt euch schnell!
Rundherum ist alles hell.
Um uns ist ein heller Schein.
Schaut, es müssen Engel sein!
Hirten, auf, erhebt euch schnell!"

Engel:
5. Dieses Kind bringt ganz allein
Frieden in die Welt hinein.
Lauft so schnell man laufen kann,
lauft und schaut das Kind euch an!

Hirten:
6. Hirten, auf, erhebt euch schnell!
Überm Stall der Stern strahlt hell.
Kommt, das Wunder anzusehn,
das in dieser Nacht geschehn!
Hirten, auf, erhebt euch schnell!

Spielanregung:
Ein Hirte weckt den anderen. Sie rücken ängstlich zusammen, als sie die Engel erblicken. Als ihnen aber die Engel die Geburt des Herrn verkünden, laufen sie alle zum Stall. Die Strophe der Engel folgt nach jeder Strophe der Hirten.

(Aus R. Krenzer [Hrsg.]: Regenbogen bunt und schön, Ernst Kaufmann, Lahr – Kösel, München.)

Krippenspiel nach einem Bilderbuch

Bilderbücher können Ausgangspunkt zum Spiel darstellen. Eine Szene, die im Bild gesehen wird, kann in ein darstellendes Spiel umgesetzt werden. Ein Beispiel: Aurel von Jüchen/Celestino Piatti: Die Heilige Nacht, Verlag Ernst Kaufmann, Lahr.

1. Szene:
Viele Leute wohnen in der Stadt (Nazareth). Sie arbeiten. Die verschiedenen Arbeiten werden gezeigt: Maler, Schreiner, Bäcker, Feldarbeiter usw. Mit dem Spiellied „Guten Tag, Herr Malermeister" lassen sich die einzelnen Tätigkeiten mit viel Spaß emotional darstellen.

2. Szene:
Der Bote kommt.
Der Bote reitet auf einem Pferd (läßt sich leicht von einem Mitspieler darstellen – oder Steckenpferd) und bläst in eine Trompete (oder anderes Musikinstrument, das Lärm erzeugt). Er hält an. Alle Leute laufen auf ihn zu.

Bote: Ich bin der Bote des Kaisers (oder: Der Kaiser schickt mich). Ich habe einen Befehl. Der Kaiser will wissen, wieviel Leute in seinem Land wohnen. Jeder muß dorthin reisen, wo er geboren ist.
Leute: Das geht nicht. Wir wollen hierbleiben!
Bote: Der Kaiser hat es befohlen.
Wo bist du geboren?

Die Mitspieler nennen ihren Geburtsort (Hilfe des Spielleiters erforderlich). Es zeigt sich, daß einige dableiben können, weil sie hier geboren sind. Andere müssen weit reisen. Der Bote reitet weg.

3. Szene:
Die Leute reisen ab. Sie gehen durch das Zimmer (über die Bühne) und suchen sich den Ort, an dem sie geboren sind, z. B. neben dem Schrank, auf einem Platz, auf dem bisher ein anderer gesessen hat usw. Nur Maria und Josef bleiben übrig.

Josef: Wir haben einen weiten Weg.
Maria: Wir nehmen den Esel mit.

Einer spielt den Esel. Josef packt Heu und Stroh in einen Sack und nimmt ihn auf den Rücken. Maria setzt sich auf den Esel. So ziehen sie los.

4. Szene:
Sie ziehen durch einen Wald (Bäume von Kindern dargestellt). Nachts rasten sie. Sie essen.

Vor dem Schlafen
betet Josef: Lieber Gott hilf, daß wir gut nach Bethlehem kommen.

Wilde Tiere kommen heran, doch sie tun der kleinen Reisegesellschaft nichts.

5. Szene:
Maria und Josef kommen nach Bethlehem. Sie fragen überall, ob sie in einem Haus unterkommen können. Josef führt Maria im Kreis. Die Mitspieler sitzen auf ihren Stühlen. Jeder Stuhl stellt ein Haus dar.

Josef:	Nehmt uns auf, liebe Leute!
Mitspieler:	Ich habe keinen Platz. Geht weiter!
Josef:	Nehmt uns auf, liebe Leute!
Nächster Mitspieler:	Ich habe keinen Platz. Geht weiter. usw.

So ziehen Maria und Josef im Kreis herum, bis sie zu einem Stall kommen (auf die Seite gelegter Tisch in einer Ecke des Raumes).

Josef:	Hier ist ein Stall. Hier bleiben wir.

Er führt den Esel hinein und füttert ihn. Ein Schemel stellt die Krippe dar. Maria und Josef legen sich im Stall zum Schlafen nieder.

6. Szene:
Die Hirten sitzen im Kreis. Sie reiben sich die Hände, denn es ist kalt. Die Engel kommen. Sie singen ein Lied. Die Hirten erschrecken, werfen sich auf den Boden, verdecken das Gesicht mit ihren Händen und Armen.

Hirte:	Was ist das für ein Licht?
Zweiter Hirte:	Ich habe Angst!
Alle:	Wir haben Angst!

Der große Engel geht langsam auf die Hirten zu. Ein Hirte schaut auf, zögert, fragt dann:

	Was ist geschehen? (Was ist los?)
Engel:	Heute nacht ist Jesus geboren! Er wird traurige Menschen fröhlich machen! Lauft zum Stall (nach Bethlehem)! Lauft zu Jesus!

Die Engel gehen langsam wieder fort. Die Hirten laufen zum Stall nach Bethlehem.

7. Szene:
Maria und Josef sind im Stall. In der „Krippe" liegt eine Puppe. Die Hirten laufen hinzu. Als einer das Kind sieht, schaut er die anderen bedeutungsvoll an und legt den Finger auf den Mund. Da schleichen sie auf Zehenspitzen in den Stall.

Maria:	Das ist Jesus, der Herr der Welt!

Die Hirten knien vor der Krippe nieder.

Hirten:	Wir freuen uns, daß du da bist!

Sie erheben sich und gehen in den Kreis. Sie gehen von einem Mitspieler zum anderen, geben ihm die Hand und sagen:

	Jesus ist geboren! Lauft zum Stall!

8. Szene:
Alle Mitspieler laufen zum Stall. Sie knien vor der Krippe nieder. Dann stellen sie sich im Halbkreis auf und singen ein Weihnachtslied.

Der Räuber Siebenstark

Nach einer Legende aus: Karl Heinrich Waggerl, „Und es begab sich", Otto Müller Verlag. Von Rolf Krenzer

Personen:

Maria, Josef, Engel, Räuber Siebenstark.

1. Szene:
Maria und Josef schlafen. Engel erscheint – offenbart Josef die Flucht vor Herodes.

2. Szene:
Josef (verwirrt) weckt Maria – Familie macht sich auf den Weg (leise Musik). Maria ist müde – sie suchen einen Rastplatz – Josef macht Feuer.

3. Szene:
Räuber Siebenstark streift durch sein Revier – erzählt lautstark und grimmig von seinen Taten – entdeckt die heilige Familie – bedroht sie – Maria gebietet ihm Ruhe – hat keine Angst vor dem Räuber – Räuber ist verwirrt – Maria zeigt ihm das Kind – Räuber ist verwirrt, betroffen und zeigt deutliche Verwandlung – Maria fordert ihn auf zu tanzen und singen – Räuber tanzt und singt.
Das Spiel kann spontan gestaltet mit freiem Text, aber auch nach folgendem Spieltext dargestellt werden.

1. Szene:
Maria sitzt neben der Krippe. Josef legt Decken auf dem Boden nieder.

Maria: Schau, jetzt ist das Kind eingeschlafen!

Josef kommt hinzu.

Josef: Es hat seinen kleinen Daumen in den Mund gesteckt. So fühlt sich der kleine Jesus wohl!

Maria: Unser Kind hat so viel Besuch gehabt!

Josef: Zuerst kamen die Hirten. Erinnerst du dich noch an den kleinen Hirtenjungen.

Maria: Richtig lustig war das. Er hat unserm Kind ein Licht gebracht.

Josef: Ja, und dann wurde es ganz hell und warm in unserem Stall.

Maria: Und die drei klugen Männer waren da.

Josef: Sie haben Jesus angebetet.

Maria: Es war eine aufregende Zeit.

Josef geht wieder zu den Decken, schüttelt sie auf, legt ein Kopfkissen bereit.

Josef: Es wird Zeit zum Schlafengehen. Komm, Maria! Das Kind schläft tief und fest. Da können wir uns auch ausruhen.

Maria streicht dem Kind noch einmal über das Gesicht, beugt sich noch einmal über die Krippe, dann geht sie zu Josef.

Maria: Du hast recht, Josef! Gute Nacht!

Sie legt sich und deckt sich mit der Decke zu.

Josef: Schlaf gut, Maria!

Josef pustet das Licht aus, dann legt er sich neben Maria nieder. – Stille – Der Engel betritt den Raum.

Engel: Pst!

Josef rührt sich nicht. Er schläft fest.

Engel: Hallo!

Josef schläft weiter.

Engel: Hallo, Josef!

Josef richtet sich erschreckt auf. Er reibt sich die Augen, schaut sich um, sieht den Engel aber nicht.

Josef: Was ist? War da was? Hat da jemand gerufen?
Engel: Pst!

Josef wendet sich erstaunt nach dem Engel um, erschrickt.

Engel: Hallo, Josef!
Josef: Wer bist du?
Engel: Pst! Sprich leise, damit Maria und das Kind nicht wach werden.
Josef: Wer bist du?
Engel: Gott hat mich zu dir geschickt.
Josef: Gott?
Engel: Du weißt doch, daß das Kind dort in der Krippe Gottes Sohn ist!
Josef: Ja, das weiß ich.
Engel: Der König in Jerusalem hat erfahren, daß dieses Kind hier geboren wurde. Er weiß, daß dieses Kind der König der Welt ist. Jetzt ist er böse und fürchtet, daß er nicht mehr König bleiben wird.
Josef: Wie kann so ein mächtiger König sich vor einem so kleinen Kind fürchten!
Engel: Pst! Nicht so laut! Es ist wirklich wahr. Er hat seine Soldaten ausgeschickt. Er will alle Kinder in Bethlehem umbringen lassen.
Josef: Nein! Das kann doch nicht wahr sein!
Engel: Gott hat mich zu dir geschickt. Sobald es hell wird, mußt

du alle eure Sachen packen. Nimm Maria und das Kind und gehe fort, so weit du nur kannst. Gehe bis Ägypten. Dort wird der König das Kind nicht töten können.

Josef: Oweh! Oweh! Wann kommen die Soldaten?

Engel: Bald werden sie kommen. Aber wenn du früh am Morgen losgehst, werden sie euch nicht mehr finden.

Josef: Ich werde alles tun! Ich danke dir!

Engel: Gott wird euch beschützen, dich, Maria und das Kind!

Der Engel geht. Josef sitzt zunächst ganz still. Dann steht er auf und beginnt, die Sachen zusammenzupacken. Maria wird wach.

Maria: Was ist los? Was machst du, Josef? Es ist noch nicht einmal richtig hell.

Josef: Gott hat in der Nacht einen Engel zu uns geschickt. Der Engel hat gesagt: Der König in Jerusalem wird Soldaten schicken, die unser Kind töten wollen.

Maria: Was sollen wir tun?

Josef: Wir packen alle unsere Sachen zusammen und fliehen. Weit, weit fort. Bis nach Ägypten. So hat es der Engel gesagt.

Maria: Ich habe Angst!

Josef legt den Arm um Maria.

Josef: Weißt du, was der Engel noch gesagt hat?

Maria: Was hat er gesagt?

Josef: Gott wird uns beschützen, uns alle drei!

Maria: Dann dürfen wir nicht länger warten. Komm, ich helfe dir.

Josef: Nimm du das Kind.

Maria: Wir müssen uns beeilen. Draußen wird es immer heller. Gott, hilf uns, daß dem Kind nichts geschieht!

Sie packen alles zusammen und machen sich auf den Weg.

2. Szene:

Maria und Josef kommen müde daher. Maria trägt das Kind in ihrem Arm.

Maria: Jetzt laufen wir und laufen wir. Ich bin so müde, daß ich nicht mehr weiter kann.

Josef: Soll ich das Kind nehmen?

Maria: Du trägst ja schon die vielen anderen Sachen.

Josef: Es ist bestimmt nicht mehr weit bis Ägypten. Jetzt sind wir schon so lange gelaufen, daß uns die Soldaten nicht mehr einholen können.

Maria: Hier ist ein schöner Platz. Laß uns hier ausruhen! Laß uns diese Nacht hier schlafen.

Josef legt seine Sachen ab, kramt nach Streichhölzern, holt einen Topf aus dem Rucksack.

Josef: Hier ist es so einsam, daß bestimmt niemand ein kleines Feuer entdeckt. Wir können uns wärmen. Und eine Suppe für uns will ich auch kochen.

Maria: Die Bäume ringsumher geben uns Sicherheit und Geborgenheit.

(Die Bäume können von einzelnen Kindern dargestellt werden, die zunächst in einem weiten Halbkreis um Maria und Josef stehen.)

3. Szene:

Josef macht sich mit dem Feuer und dem Essenkochen zu schaffen. Maria kümmert sich um das Kind.

Der Räuber Siebenstark zieht durch den Wald und erzählt lautstark und grimmig von seinen Taten. Er kann spontan sprechen, aber auch singen. Sein Räuberlied kann auch von der ganzen Kindergruppe gesungen und mit Orff-Instrumenten gespielt werden.

Räuber Siebenstark: Jetzt kommt der Räuber Siebenstark, und alle werden stumm! Da flüchten alle Leute! Da flüchten alle Leute! Und jeder weiß warum.

Melodie: Inge Lotz

2. Der Räuber stöbert alles auf,
sogar den stillsten Ort.
Und was die Leute haben,
und was die Leute haben,
das nimmt er ihnen fort!

3. Dringt in große Städte ein,
durchstöbert jedes Haus.
Die Zimmer und die Schränke,
die Zimmer und die Schränke,
die raubt er alle aus.

4. Und wer dem Räuber Siebenstark
sich in den Weg gar stellt ...
Gestochen und geschlagen,
gestochen und geschlagen
wird er vom Räuberheld.

5. So ist der Räuber Siebenstark,
ein wilder, böser Mann.
Daß jeder vor ihm Angst hat,
daß jeder vor ihm Angst hat,
das sieht man ihm doch an!

6. Da schreien alle Leute laut
und laufen schnell davon.
Doch Siebenstark ist schneller,
doch Siebenstark ist schneller
und fängt dann jeden schon!

7. Paßt auf, der Räuber Siebenstark
kommt durch den Wald daher!
Oweh, ihr lieben Leute!
Oweh, ihr lieben Leute!
Euch rettet keiner mehr!

8. Paßt auf, der Räuber Siebenstark,
der schleicht im Wald herum!
Oweh, ihr armen Leute!
Oweh, ihr armen Leute!
Er bringt euch alle um!

Die Bäume rücken nahe um Maria und Josef im Halbkreis herum, um sie vor dem Räuber Siebenstark zu verstecken und zu schützen.

Räuber Siebenstark: Hui! Wer ist denn da? Und gut bepackt sind die Leute auch!

Er zieht sein Schwert heraus.

Ich werde sie töten, dann können sie nichts vom Räuber Siebenstark verraten. Na wartet, ein Überraschungsangriff ist am besten!

Der Räuber springt wild gestikulierend auf Maria und Josef zu. Maria steht auf. Sie geht ganz langsam auf den Räuber zu und blickt ihn ruhig an.

Maria: Wer bist du?
Siebenstark: Kennst du mich nicht? Ich bin der Räuber Siebenstark! Jeder hier in der Gegend kennt und fürchtet mich!
Maria: Ich bin nicht aus dieser Gegend!
Siebenstark: Dann wirst du mich erst recht kennen lernen!

Siebenstark will auf Maria zustürzen und erwartet, daß sie ängstlich zurückweicht. Doch Maria macht einen weiteren Schritt auf ihn zu.

Siebenstark: Ich werde dich noch das Fürchten lehren! Sieh nur, ich nehme dieses Messer und ...
Maria: Mach nicht so einen Lärm! Wir sind müde! Und du weckst das Kind auf!

Siebenstark ist verwirrt.

Siebenstark: Was für ein Kind?
Maria: Gottes Sohn! Komm, ich zeige es dir!

Sie dreht sich einfach um und geht dorthin, wo sie das Kind in einer Decke gewickelt niedergelegt hat. Der Räuber folgt ihr ganz behutsam.

Maria: Pst! Trampel nicht so, damit du das Kind nicht aufweckst!
Siebenstark: Geht es so besser?

Er geht auf Zehenspitzen und nähert sich dem Kind.

Siebenstark *(flüstert):* Ist das ein hübsches Kind! Und du sagst, es ist Gottes Sohn?

Maria nickt.

Siebenstark: Ehrlich wahr?

Maria nickt wieder.

Siebenstark zu Josef: Wirklich Gottes Sohn!

Josef: Ja, es ist Gottes Sohn.

Siebenstark ist sichtlich betroffen und verwirrt.

Siebenstark: Ich tue Kindern nichts! Und Babys schon überhaupt nichts! Und das ist Gottes Sohn?

Maria: Er ist Gottes Sohn und der König der Welt.

Siebenstark: Ja, aber warum ist er hier? Warum ist er nicht im Schloß?

Josef: Der König von Jerusalem wollte ihn töten. Deshalb flüchten wir nach Ägypten. Aber Gott beschützt uns.

Siebenstark: Babys tue ich nichts. Und Gottes Sohn schon überhaupt nichts!

Er beugt sich ganz weit hinunter.

Schau, jetzt wird er wach. Nein, er soll nicht weinen! Nein, er soll sich nicht vor mir fürchten!

Maria: Kannst du auch schönere Lieder als dein Räuberlied singen?

Siebenstark: Ich weiß nicht recht! Aber ich will es versuchen.

Er räuspert sich und beginnt dann zuerst leise, dann immer lauter. Dazu beginnt er zu tanzen, und die Kinder, die den Wald darstellen, tanzen mit ihm herum. Alle singen zum Schluß.

Ich war der Räuber Siebenstark.
Und jeder sagt: Auwei!
Ich war ein böser Räuber,
ich war ein böser Räuber!
Doch das ist jetzt vorbei!

Ich war der Räuber Siebenstark.
Mein Gott, ich schäme mich!
Ich will jetzt nie mehr rauben!
Ich will jetzt nie mehr rauben!
Und das verspreche ich!

Die Räuberzeiten sind vorbei.
Darüber bin ich froh.
Ich hör' das Kind jetzt lachen,
ich hör' das Kind jetzt lachen!
Sein Lachen freut mich so!

Maria: Komm, setz dich zu uns. Unser Essen ist fertig.
Josef: Wir laden dich ein!

Räuber Siebenstark setzt sich zufrieden zur Familie.

Weihnachtsspiel mit Kerzen

Unbeschränkte Teilnehmerzahl. Benötigt wird eine Kerze pro Teilnehmer. Das Spiel eignet sich auch für das gemeinsame Feiern in der Gruppe mit den Eltern.
Wir singen zunächst das bekannte Spiritual „Er hat die ganze Welt in seiner Hand" mit folgendem Text gemeinsam: „Wir haben so viel Licht in unserm Herz". In der Mitte des Kreises steht eine brennende Kerze.
Einer beginnt, die Melodie zu summen. Er geht auf einen im Kreis zu, nimmt ihn bei der Hand und geht mit ihm zusammen zur brennenden Kerze in der Mitte. Gemeinsam zünden sie eine neue Kerze an. Dann stellen sie die angezündete Kerze bei der ersten Kerze ab. Der, der begonnen hat, gibt dem, den er geholt hat, eine noch nicht angezündete Kerze und setzt sich in die Mitte des Kreises auf den Boden vor die beiden brennenden Kerzen. Der zweite Mitspieler geht nun auf einen anderen zu, nimmt ihn bei der Hand und führt ihn in den Kreis und zündet mit ihm gemeinsam eine dritte Kerze an. Immer mehr Kerzen kommen in der Mitte des Kreises hinzu, immer mehr Teilnehmer finden sich im Kreis ein. Je mehr Teilnehmer in der Mitte sitzen, um so lauter wird das Summen. Wenn alle sitzen, singen wir gemeinsam
„Wir haben so viel Licht in unserm Herz.
Wir haben so viel Freude in unserm Herz!"
Während des Singens stehen wir auf und gehen etwas später angefaßt um die brennenden Kerzen herum.
Anmerkung: Text und Durchführungsform lassen sich verändern. Dieses Spiel versetzt die ganze Gruppe in eine sehr feierliche Stimmung, in der jeder Teilnehmer Geborgenheit in der Gemeinschaft erfährt.
(Das Spiel wurde im September 1980 in einem Fortbildungskurs für Lehrkräfte an heilpädagogischen Sonderschulen unter Leitung von Rolf Krenzer in Eggiwil in der Schweiz erfunden und ist seitdem sehr oft und gern mit Kindern und Erwachsenen gespielt worden).

Wir zünden eine Kerze an

Das Spiel ist als Rollensatz im Dr. Buchner-Verlag, Krailling vor München erschienen.

Da der Umgang mit Feuer notwendig ist, sollte man in jedem Fall einen Erwachsenen mitspielen lassen. Wer die brennenden Kerzen ganz herausnehmen möchte, kann dicke ausgeschnittene Pappekerzen nehmen und immer dann, wenn im Spiel eine Kerze angezündet werden soll, eine Lampe anschalten.
Eindrucksvoller ist in jedem Fall das Spiel mit der Kerze selbst.
Das Spiel soll in sehr einfacher Weise verkünden, daß Gott mit der Geburt seines Sohnes Licht in unsere Dunkelheit gebracht hat. Es wendet sich damit gegen den Verkaufsrummel und gegen den Lärm der Vorweihnachtszeit. Diese Beziehung wird der Gruppe deutlich, die sich intensiv mit dem Text befaßt und mit den Proben beginnt. So ist das Spiel zunächst nur für die Gruppe selbst gedacht. Es muß innerhalb der Gruppe besprochen werden, warum dann, als alles so hell und schön, so laut und verkaufsfreudig wirkt, die Kerzen wieder gelöscht werden. Es muß deutlich werden, daß mit dem Neuanzünden der Kerzen in der Stille der Blick auf das Wesentliche gelenkt werden soll. Die einzelnen kurzen Szenen, die beliebig erweitert oder gekürzt werden können, werden durch das Lied miteinander verbunden.

Wir stehen oder sitzen auf der abgedunkelten Bühne. In die Dunkelheit hinein spricht das erste Kind

1. Kind: Wir wollen ein Licht anzünden.
Erwachsener: Ich zünde dir deine Kerze an.

Er zündet die erste Kerze an.

Alle: Wir zünden eine Kerze an, damit es jeder sehen kann: In unserem Dunkeln scheint das Licht. Wir wissen: Gott vergißt uns nicht. Oh, leuchte, leuchte, kleines Licht, leuchte, doch verlösche nicht!
(Melodie: siehe Seite 124)
1. Kind: Seht ihr mein Licht? Es leuchtet hell. Es ist nicht mehr dunkel. Ich freue mich, daß bald Weihnachten ist.
2. Kind: Wir wollen noch ein Licht anzünden.
Erwachsener: Ich zünde dir deine Kerze an.

Er zündet die zweite Kerze an.

Alle: Wir zünden eine Kerze an, damit es jeder sehen kann: In unserm Dunkeln scheint das Licht. Wir wissen: Gott vergißt uns nicht. Oh, leuchte, leuchte, kleines Licht, leuchte, doch verlösche nicht.
2. Kind: Vor Weihnachten zünden wir die Kerzen am Adventskranz an.

Zwei Kinder bringen einen Adventskranz in den Kreis. Die Kerzen werden von dem Erwachsenen eine nach der anderen langsam angezündet.

2. Kind: Seht ihr das Licht? Es leuchtet hell. Es ist nicht mehr dunkel. Ich freue mich, daß bald Weihnachten ist.
3. Kind: Wir wollen noch ein Licht anzünden

Erwachsener:	Ich zünde dir deine Kerze an.

Er zündet die dritte Kerze an.

Alle:	Wir zünden eine Kerze an, damit es jeder sehen kann: In unserm Dunkeln scheint das Licht. Wir wissen: Gott vergißt uns nicht. Oh, leuchte, leuchte, kleines Licht, leuchte, doch verlösche nicht.
3. Kind:	In den Geschäften werden die Schaufenster hell. Überall liegen Geschenke für Weihnachten.
Junge (kommt mit einer Eisenbahn):	Ich wünsche mir eine Eisenbahn, damit ich damit fahren kann!
Mädchen (kommt mit einer Puppe):	Diese Puppe, schaut doch, hier! Diese Puppe wünsch ich mir!

Aus dem Kreis heraus rufen die anderen Kinder ihre Weihnachtswünsche.

	Ein Bilderbuch. Rollschuhe. Einen Schlitten. Eine Autobahn. Einen Kassettenrecorder. Ein Fahrrad. Eine Uhr. Plätzchen und Schokolade.
3. Kind:	Seht ihr das Licht? Es leuchtet hell. Es ist nicht mehr dunkel. Ich freue mich, daß bald Weihnachten ist.
4. Kind:	Wir wollen noch ein Licht anzünden.
Erwachsener:	Ich zünde dir deine Kerze an.

Er zündet die vierte Kerze an.

Alle:	Wir zünden eine Kerze an, damit es jeder sehen kann: In unserm Dunkeln scheint das Licht. Wir wissen: Gott vergißt uns nicht. Oh, leuchte, leuchte, kleines Licht, leuchte, doch verlösche nicht.
4. Kind:	Auf den Straßen wird es hell. Überall hängen bunte Lichter.
Kind (kommt mit seinem Vater):	Laß uns durch die Straßen gehn! Laß uns all das Schöne sehn!
Verkäufer (mit großem Bauchladen):	Kauft, ihr Leute, kauft! Hier gibt es alles, was ihr euch wünscht. Weihnachten ist nur einmal im Jahr! Alles ist so billig! Kauft, ihr Leute, kauft!
2. Verkäufer: (mit Bauchladen)	Kommt zu mir ihr Leute, kauft! Hier gibt es alles, was ihr euch wünscht. Weihnachten ist nur einmal im Jahr! Alles ist so billig! Kauft, ihr Leute, kauft!

Die Leute drängen sich um die beiden Verkäufer. Die Verkäufer bieten ihre Waren laut an. Sie zeigen alles, was sie in ihren Körben mitgebracht haben. Alle Lichter im Raum werden angeschaltet.

5. Kind:	Es ist so laut. Überall ist Licht. Überall sind Leute. Unsere Kerzen sieht man fast nicht mehr. Wollen wir noch eine Kerze anzünden?
Erwachsener:	Nein. Wir blasen alle Kerzen aus.

Die Kinder blasen ihre Kerzen aus. Auch die Kerzen am Adventskranz werden ausgeblasen, ebenfalls werden die Lichter im Raum ausgeschaltet, die Bühne wirkt wieder fast dunkel. Die Verkäufer gehen weg, weil sie ihre Waren nicht mehr verkaufen können. Alle Kinder stellen sich wieder im Halbkreis auf.

1. Kind:	Es war so schön, als meine Kerze brannte.
2. Kind:	Es war so schön, als zwei Kerzen brannten.
3. Kind:	Es wurde so hell.
4. Kind:	Es ist doch bald Weihnachten!
5. Kind:	Meine Kerze durfte nicht brennen!
Erwachsener:	Es war dunkel, als Jesus geboren wurde. Er wurde im Stall geboren. Wir wollen seinen Geburtstag feiern. Er hat das Licht in unsere Dunkelheit gebracht. Wir wollen dein Licht anzünden.

Der Erwachsene zündet das Licht des 5. Kindes an und geht mit ihm in die Mitte des Halbkreises.

Alle:	Wir zünden eine Kerze an, damit es jeder sehen kann: In unserm Dunkeln scheint das Licht. Wir wissen: Gott vergißt uns nicht. Oh, leuchte, leuchte, kleines Licht, leuchte, doch verbrenne nicht!
5. Kind:	Seht ihr mein Licht? Es leuchtet hell. Es ist nicht mehr dunkel. Alles ist still.
Erwachsener:	Nehmt eure Kerzen. Wir zünden sie an. Wir gehen durch die Stadt. Wir tragen die Kerzen nach Hause.

Er zündet alle Kerzen an und langsam treten die Kinder aus dem Halbkreis heraus und gehen hinter dem ersten Kind mit der Kerze her.

Erwachsener:	Die Kerze leuchtet in der Dunkelheit. Sie gibt uns die Hoffnung: Jesus wurde für uns geboren.
Alle:	Wir zünden eine Kerze an, damit es jeder sehen kann: In unserm Dunkeln scheint das Licht. Wir wissen: Gott vergißt uns nicht. Oh, leuchte, leuchte, kleines Licht, leuchte, doch verlösche nicht!

Weihnachtsmarkt ist heute

Das Spiel ist als Rollensatz im Dr. Buchner-Verlag, Krailling vor München erschienen.

Der Text stellt lediglich ein Gerippe dar und kann nach Belieben gekürzt oder erweitert werden. In jedem Falle sollte er auf die Situation der jeweiligen Spielgruppe bezogen werden. Das bedeutet, daß die Plätzchen angeboten werden, die selbst gebacken wurden, daß vorhandenes Spielzeug mit einbezogen wird und daß die Kleider direkt aus der Gruppe für das Spiel benutzt werden. Jede einzelne Szene fordert ganz stark zum Handeln auf. Hier sind der spontanen Spielfreude keine Grenzen gesetzt. Wichtig ist aber, daß alle Spieler in diese Szenen einbezogen werden, so daß jedesmal ein richtiges Gedränge und Gewimmel vor den Verkaufstischen entsteht. Erst dann, wenn das Lied, das zur folgenden Szene überleitet, angestimmt wird, geht die Gruppe wieder in den Halbkreis zurück.
Die Lieder und Kreislieder helfen dann, die Spieler wieder zusammenzuführen, um die nächste Szene vorzubereiten.

Es spielen mit:

Alle Kinder im Kreis, darunter einzelne:

Der Kaufmann: (er trägt in einem Korb Zutaten zur Weihnachtsbäckerei und breitet sie auf seinem Verkaufstisch aus).

Der Bäcker: (er trägt einen Korb voll Backwaren, die er auf seinem Verkaufstisch aufbaut).

Der Kleiderhändler: (mit einem Karton voller Kleider, die er zu seinem Verkaufstisch bringt).

Der Spielzeughändler: (er schleppt eine Spielzeugkiste für seinen Verkaufstisch herbei).

Der Weihnachtsbaumverkäufer: (er trägt ein ungeschmücktes Weihnachtsbäumchen).

Das Mädchen: (es bringt Kerzen in Kerzenhaltern).

Ein Erwachsener: (er zündet die Kerzen an, wenn sie am Baum befestigt sind).

Viele Käufer.

Das Spiel

Alle stehen im Halbkreis, der nach vorn geöffnet ist.

Alle singen: Lauft, Leute, lauft, ihr Leute, lauft, kauft, Leute, kauft!
Jungen kommt und Mädchen, kommt in unser Städtchen. Das ist eine Freude! Weihnachtsmarkt ist heute!
Lauft, Leute, lauft, ihr Leute, lauft, kauft, Leute, kauft!

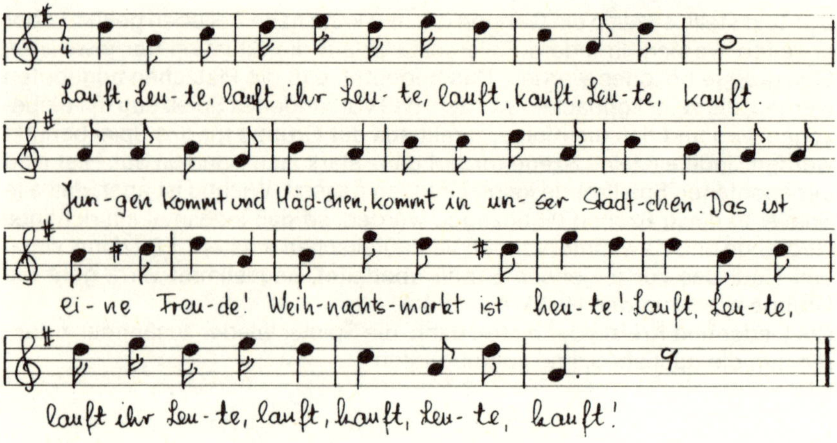

Lauft, Leute, lauft, ihr Leute, lauft, kauft, Leute, kauft!
Spielzeug, Weihnachtssterne sehen wir so gerne.
Große Tannenbäume wecken Weihnachtsträume.
Lauft, Leute, lauft, ihr Leute, lauft, kauft, Leute, kauft!

Lauft, Leute, lauft, ihr Leute, lauft, kauft, Leute, kauft!
Plätzchen, süßen Kuchen dürft ihr gern versuchen.
Was ihr könnt entdecken, laßt es euch nur schmecken!
Lauft, Leute, lauft, ihr Leute, lauft, kauft, Leute, kauft!

Zwei Kinder bringen einen Tisch herein und stellen ihn auf der rechten Bühnenhälfte im Vordergrund auf.

Alle singen: Wer will Weihnachtsplätzchen backen,
der muß haben viele Sachen.
Viele Sachen, gute Sachen,
die den Kindern Freude machen!

Der Kaufmann kommt mit einem großen Korb aus dem Halbkreis heraus und baut sich hinter seinem Verkaufstisch auf. Er holt die einzelnen Zutaten aus seinem Korb, verkündet laut, was er anbieten will und breitet dann die Sachen vor sich auf dem Tisch aus.

Kaufmann: Wer will Weihnachtsplätzchen backen, der muß haben viele Sachen! Butter und Salz, Zucker und Schmalz, Milch und Mehl, Backpulver und Schokoladenguß, Eier und Nüsse.

Alle singen: Wer will Weihnachtsplätzchen backen, der muß haben viele Sachen. Viele Sachen, gute Sachen, die den Kindern Freude machen!

Aus dem Halbkreis lösen sich die Spieler und treten als Käufer vor den Verkaufstisch.

1. Käufer: 1 Pfund Zucker, 1 Pfund Mehl.
2. Käufer: Mandeln, Rosinen und Butter.
3. Käufer: Sind die Eier wieder so teuer?
Kaufmann: Leider, Frau Meier.
4. Käufer: Hier sind 10 Mark. Geben Sie mir raus!
1. Käufer: Packen Sie mir alles in die Tasche!
2. Käufer: Hier ist das Geld. Ich danke schön!
Kaufmann: Auf Wiedersehn! Auf Wiedersehn!

Nachdem alle Käufer ihre Waren bekommen haben, stecken sie diese in ihre Taschen, dann gehen sie in den Halbkreis zurück. Der Kaufmann bleibt an seinem Tisch stehen.

Alle singen: Wer will Weihnachtsplätzchen kaufen, der muß zu dem Bäcker laufen. Viele Sachen, gute Sachen, die den Kindern Freude machen!

Zwei Kinder bringen einen weiteren Tisch herein und stellen ihn auf der linken Seite der Bühne auf. Der Bäcker kommt mit seinem Korb voller Backwaren und baut sich hinter dem Tisch auf. Er holt die einzelnen Backwaren aus seinem Korb und preist sie an.

Bäcker: Viele Sachen, gute Sachen, die den Kindern Freude machen! Schokoladenplätzchen! Spritzgebäck! Butterplätzchen, echte Butterplätzchen! Anisplätzchen! Haferflockenplätzchen! Alles aus der eigenen Bäckerei! Und hier: allerfeinste Salzstangen! Lebkuchen!

Die Spieler kommen wieder aus dem Halbkreis heraus und kaufen bei dem Bäcker ein.

1. Käufer: Eine Tüte Schokoladenplätzchen!
2. Käufer: Ich esse Anisplätzchen am liebsten.
3. Käufer: Lebkuchen für meine Kinder.
Bäcker: Versuchen Sie die extrafeinen Butterplätzchen! Bitte sehr!

Er teilt die Plätzchen an seine Käufer aus.

4. Käufer:	Die schmecken gut.
1. Käufer:	Sie sind aber teuer!
2. Käufer:	Wenn ich sie selber backe, sind sie billiger!
Bäcker:	Anisplätzchen und Schokoladenplätzchen. Das kostet zusammen vier Mark!
4. Käufer:	Können Sie mir auf zwanzig Mark herausgeben?
2. Käufer:	Hier ist das Geld. Ich danke schön!
Bäcker:	Auf Wiedersehn! Auf Wiedersehn!

Nachdem alle Käufer ihre Backwaren in die Tasche gesteckt haben, gehen sie wieder in ihren Halbkreis zurück. Der Bäcker bleibt an seinem Tisch stehen.

Alle singen:	Wer will Stoff und Kleider kaufen, muß zum Kleiderhändler laufen. Viele Sachen, gute Sachen, die den Kindern Freude machen.

Ein weiterer Tisch wird herbeigebracht und neben dem Kaufmann aufgestellt. Der Kleiderhändler bringt einen Karton voller Kleider, Pullover, Handschuhe, Schals usw. und legt die Waren auf seinem Verkaufstisch aus. Jedes einzelne Teil preist er besonders an.

Kleiderhändler:	Viele Sachen, gute Sachen, die euch allen Freude machen! Ein roter Pullover! Ein gelber Pullover! Warme Socken, extra gut! Handschuhe in vielen Farben. Ein Sonderangebot: Allerbilligste Unterhosen! Und hier: Der Preisschlager: Warme Wintermäntel!

Die Spieler treten wieder aus dem Halbkreis heraus und scharen sich um den Kleiderhändler:

1. Käufer:	Den Pullover will ich einmal anziehen. Ob er paßt?
Kleiderhändler:	Er paßt, er paßt genau! Ganz herrlich steht Ihnen das Blau!

Die anderen Käufer suchen sich einzelne Kleider aus und probieren sie an. Sie bewundern sich gegenseitig, und der Kleiderhändler verkauft und kassiert.

2. Käufer:	Diesen Mantel möchte ich einmal anziehen.
Kleiderhändler:	Der ist doch viel zu groß!
2. Käufer:	Das macht nichts. Ich ziehe ihn trotzdem über.

Er zieht den Mantel an, der bestimmt einige Nummern zu groß ist. Die Kunden lachen und machen sich über den Jungen lustig.

2. Käufer:	Na, was halten Sie davon?
Kleiderhändler:	Ein sehr schöner Mantel, aber leider viel zu groß. Der Mantel würde deinem Vater passen.
2. Käufer:	Ist er teuer?
Kleiderhändler:	Nein, sehr, sehr billig!
2. Käufer:	Ich will ihn ja auch meinem Vater zu Weihnachten schenken. Packen Sie ihn gut ein.

Der Kleiderhändler packt den Mantel ein, die Kunden bezahlen ihre Waren und gehen in den Halbkreis zurück. Der Kleiderhändler bleibt an seinem Verkaufstisch stehen.

Alle singen: Wer will schönes Spielzeug kaufen, muß zum Spielzeughändler laufen. Viele Sachen, gute Sachen, die den Kindern Freude machen.

Der Spielzeughändler tritt mit bunten Kartons an einen Verkaufstisch, der während des Liedes neben den Verkaufstisch des Kaufmanns gestellt wurde.

Spielzeughändler: Kauft, Leute, kauft! Eisenbahnen und Autos, die modernsten und schnellsten, die es gibt. Die schönsten Puppen! Bausteine! Bilderbücher und Schallplatten für Kinder. Viele Sachen, gute Sachen, die den Kindern Freude machen. Kommt heran! Schaut's euch an!

Der Spielzeughändler geht an den Rand der Bühne und zeigt, wie das jeweilige Spielzeug funktioniert. Nun treten auch die Spieler aus dem Kreis um ihn herum und beginnen, mit einzelnen Dingen zu spielen.

1. Käufer: Die Puppe wäre etwas für meine Tochter.
2. Käufer: Eine Eisenbahn wünscht sich mein Sohn so sehr!
3. Käufer: Das Bilderbuch möchte ich für mein Kind kaufen!
4. Käufer: Zeigen Sie doch einmal die Puppenkleider!

Der Spielzeughändler führt die einzelnen Artikel vor und verkauft seine Sachen. Die Käufer probieren die Sachen aus, zeigen sich gegenseitig, was ihnen besonders gut gefällt. Alle Spieler sind beteiligt. Mitten durch das Gewühl treten nun der Verkäufer von Weihnachtsbäumen und ein Mädchen in den Vordergrund. Der Verkäufer trägt einen großen Weihnachtsbaum, das Mädchen viele Kerzen, die bereits in Kerzenhaltern stecken.

Verkäufer: Auf dem Weihnachtsmarkt gibt es viel zu sehen, doch am schönsten ist der Weihnachtsbaum. Ich habe euch einen Baum mitgebracht, der euch sicherlich viel Freude macht.

1. Käufer: Das ist ein schöner Baum!
2. Käufer: Tretet zurück, daß ihn alle sehen können!
3. Käufer: Ein wunderschöner Baum.

Mädchen: Ich bringe die Kerzen für den Baum.

Verkäufer: Wir wollen den Baum schmücken.

Das Mädchen verteilt die Kerzen, und jeder darf eine Kerze an dem Baum befestigen. Dabei hält der Verkäufer den Baum fest oder stellt ihn im Ständer auf dem Boden auf. Die Spieler, die ihre Kerzen am Baum befestigt haben, fassen sich an den Händen und schreiten singend um den Baum herum.

Alle singen: (Melodie: Wir wollen heut' Weihnachten feiern, S. 132)
Wir wollen den Weihnachtsbaum schmücken. Wir wollen den Weihnachtsbaum schmücken. Kommt alle her! Das ist nicht schwer.

	Wir wollen den Weihnachtsbaum schmücken.
	Wir wollen den Weihnachtsbaum schmücken. Wir wollen den Weihnachtsbaum schmücken. Jeder faßt an, weil er das kann. Wir wollen den Weihnachtsbaum schmücken.
	Wir wollen den Weihnachtsbaum schmücken. Wir wollen den Weihnachtsbaum schmücken. Leuchtet das Licht, fürchtet euch nicht! Wir wollen den Weihnachtsbaum schmücken.

Wenn alle Kerzen befestigt sind, zündet ein Erwachsener sie an. Die Spieler stehen im Halbkreis um den Baum.

Mädchen:	So hell leuchten die Kerzen durch die Nacht.
Verkäufer:	Es dauert nicht mehr lang. Bald ist Weihnachten.
1. Käufer:	Unsere Weihnachtsgeschenke haben wir gekauft.
2. Käufer:	Nun laufen wir schnell nach Hause. Wir wollen den Weihnachtsbaum schmücken.
3. Käufer:	Alle warten schon darauf.
4. Käufer:	Beeilt euch. Zuerst wollen wir hier die Kerzen ausblasen.

Die Spieler pusten nacheinander alle Kerzen am Weihnachtsbaum aus.

Bäcker:	Was mache ich jetzt mit den vielen Plätzchen, die ich noch übrig habe? Ich habe mir soviel Mühe gegeben, daß sie knusprig werden und allen gut schmecken.
5. Käufer:	Wir haben alles gekauft, was wir brauchen.
Bäcker:	Dann verschenke ich sie.

Er geht von der Bühne herunter und verteilt die Plätzchen an die Gäste im Saal.

Alle singen:

Wer will Weihnachtsplätzchen backen, der muß haben viele Sachen. Viele Sachen, gute Sachen, die uns allen Freude machen.
Lauft, Leute, lauft, ihr Leute, lauft, kauft, Leute, kauft!
Jungen kommt und Mädchen, kommt in unser Städtchen.
Das ist eine Freude! Weihnachtsmarkt ist heute!
Lauft, Leute, lauft, ihr Leute, lauft, kauft, Leute, kauft!

Lauft, Leute, lauft, ihr Leute, lauft, kauft, Leute, kauft!
Spielzeug, Weihnachtssterne sehen wir so gerne.
Große Tannenbäume wecken Weihnachtsträume.
Lauft, Leute, lauft, ihr Leute, lauft, kauft, Leute, kauft!

Lauft, Leute, lauft, ihr Leute, lauft, kauft, Leute, kauft!
Plätzchen, süßen Kuchen dürft ihr gern versuchen.
Was ihr könnt entdecken, laßt es euch gut schmecken.
Lauft, Leute, lauft, ihr Leute, lauft, kauft, Leute, kauft!

Während des Liedes haben sich alle Spieler angefaßt und gehen im Kreis.

Weihnachtsfeier im Kindergarten

Die vielfältigen Angebote und Materialien, die bereits vorgestellt wurden, eignen sich ausnahmslos für die Vorbereitung und Gestaltung der Weihnachtsfeier. Besonders die Spiele können den Hauptteil einer Weihnachtsfeier ausmachen, wobei zu den traditionellen Liedern neue hinzukommen können, die dann gemeinsam von Kindern und Eltern gesungen werden.
Auf die vielfältigen Bastel- und Werkmöglichkeiten in der Vorweihnachtszeit, die dann bis in die Gestaltung der Weihnachtsfeier hineinreichen können, wird hier nicht eingegangen, da die einschlägige Fachliteratur ungezählte Anregungen bietet.
Ob es sich um eine Nikolaus- oder Weihnachtsfeier handelt, fest steht, daß die Kinder sich sehr auf diese Feier freuen und auch die Eltern sich gerne hierzu einladen lassen.
Im folgenden werden einige Vorschläge für die Vorbereitung und die Gestaltung gemacht, die beliebig auf die jeweilige Situation übertragen und variiert werden können.

Vorbereitungen mit den Eltern

Wenn die Tage kürzer werden, kommen Eltern meist lieber zu Elternabenden, in denen gebastelt und gesungen werden kann. Gerade hier ist eine besondere Möglichkeit, gemeinsam etwas zu basteln, das dann auch in der Weihnachtsfeier verwendet und später mit nach Hause genommen werden kann. Eltern sind dann, wenn sie gern kommen, ebenfalls bereit, Kostüme für ein kleines Spiel, Stabpuppen, Kasperpuppen, Schattenfiguren usw. für ein richtiges kleines Theaterspiel auszuarbeiten, ebenfalls alle notwendigen Requisiten und Kulissen.
Besonderen Spaß macht es, wenn Eltern selbst ein kleines Puppen- oder Theaterspiel für ihre Kinder vorbereiten, das dann im Rahmen der Weihnachtsfeier vorgestellt wird. Gerade die Freude am gemeinsamen Spiel schafft eine Vertrauensbasis, die eine gute Zusammenarbeit von Kindergarten und Elternhaus auch weiterhin optimal verstärkt.
Gerade wenn es darum geht, eine Puppenbühne für eine Aufführung zu bauen oder sonstige technischen Dinge vorzubereiten, lassen sich auch Väter ansprechen und arbeiten hierbei engagiert mit.
Ebenfalls kann das gemeinsame Plätzchenbacken für die Weihnachtsfeier allen viel Freude bereiten, wobei neue Rezepte usw. ausprobiert werden können.

Einladungen

Die vorweihnachtlichen Termine sind oft stark besetzt, weil fast alle Vereine, Schulen usw. eine Weihnachtsfeier gestalten. Deshalb sollte man den Termin der Weihnachtsfeier im Kindergarten bereits sehr früh festlegen und bekanntgeben, damit sich die Eltern mit ihrer eigenen Terminplanung darauf einrichten können. Am besten ist es, wenn man mit den Eltern gemeinsam den Termin festlegt.
Eine Einladungskarte, die gemeinsam mit den Kindern gestaltet wird, wird bestimmt Eltern stärker ansprechen als ein Matrizenabzug. Auch die Kinder selbst bemühen sich darum, daß ihre Eltern die Einladung annehmen, weil sie sich selbst mit der Ausarbeitung so viel Mühe gegeben haben. Die Einladungen können mit Mustern bemalt werden, Buntpapier bietet ebenfalls zahlreiche Gestaltungsmöglichkeiten, aber auch Tonpapier, Karton, Kartoffelstempel, ausgestochene Bilder, Materialdrucke, Spritzmalerei, Fingerdruck stellen nur einige von ungezählten Möglichkeiten dar.

Zwei Beispiele:

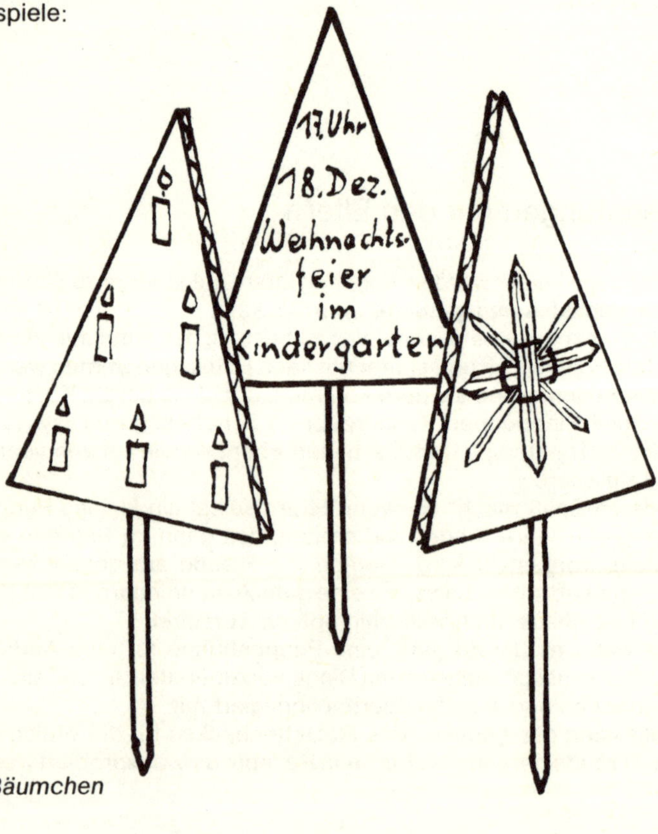

Einlade-Bäumchen

Wir brauchen Wellpappe, Buntpapier, Alleskleber, Schere, Schaschlikstäbchen, Mikadostäbchen oder Holzstäbchen.
Zuerst schneiden wir ein Tannenbäumchen aus Wellpappe aus. Dann reißen oder schneiden wir grünes Buntpapier und kleben es auf beiden Seiten auf, so daß der Tannenbaum rundherum grün wird. Auf die Vorderseite kleben wir nun aus Buntpapier geschnittene farbige Kerzen und Kugeln. Auf die Rückseite kommt ein Stück weißes Papier, auf dem die Einladung steht.
Ein Schaschlikstäbchen stellt den Stamm des Bäumchens dar. Wir können ihn mit braunem Seidenpapier umwickeln oder braun anmalen. Der Stiel wird in das Wellpappe-Bäumchen eingesteckt und mit einem Tropfen Alleskleber festgeklebt.
Wenn die Eltern zur Weihnachtsfeier ihre Einladung wieder mitbringen, können die Bäumchen in Blumentöpfe oder Blumenkästen zu einem richtigen kleinen „Weihnachtswald" gesteckt werden.
Man kann auch zwei zu Tannenbäumen ausgeschnittene Kartonplatten zusammenkleben, wobei das Schaschlikstäbchen gleich dazwischen kommt. Anschließend wird das Bäumchen mit Buntstiften, Filzstiften, Ölkreiden oder Wasserfarben angemalt oder mit Buntpapier beklebt.
In ähnlicher Weise lassen sich auch bunte „Einlade-Sterne" herstellen. Hierbei kann auch Glanzpapier verwendet werden, dabei können einzelne Farben übereinandergeklebt werden.

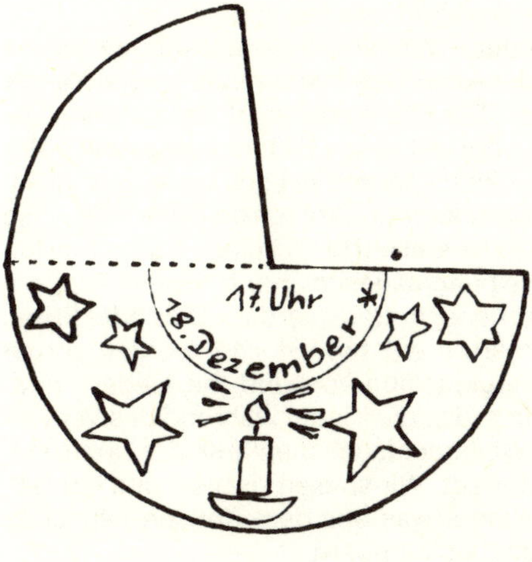

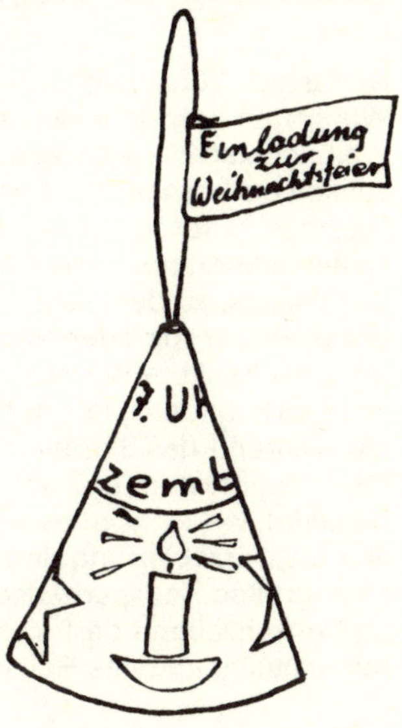

Merkglöckchen
Wir brauchen Papier, Kleister, ein Streichholz, Schere, Faden und Nadel. Der obere Teil der ausgeschnittenen Form wird im Halbkreis ausgespart, so daß

hier das Datum der Weihnachtsfeier eingetragen werden kann. Der untere Teil wird mit weihnachtlichen Motiven bemalt oder mit Buntpapier beklebt. Danach wird das Ganze zu einem Kegel geformt und bis zur gestrichelten Linie übereinandergeklebt. Zum Schluß wird ein Papierfähnchen mit einer Einladung angehängt oder an ein Streichholz geklebt und seitlich eingesteckt. An der Spitze des Glöckchens wird ein Faden eingezogen, so daß die Einladung als „Merkglöckchen" zu Hause aufgehängt oder aufgestellt werden kann.
Wenn die Eltern zur Weihnachtsfeier ihre Einladungen wieder mitbringen, können die Glöckchen an einem Weihnachtsstrauß oder Weihnachtsbaum, der im Gruppenraum bereitsteht, aufgehängt werden und ergeben einen reizvollen Raumschmuck. Selbstverständlich können auch Weihnachtsmänner und Weihnachtsengel, die in dieser Form ausgearbeitet werden, als Einladungsformen dienen, ebenfalls ein so gestalteter bunt geschmückter Weihnachtsbaum.
Unabhängig davon ist es oft hilfreich, wenn man den Eltern die Programmabfolge und die Texte der Lieder, die von allen gesungen werden, zukommen läßt.

Gestaltung der Weihnachtsfeier

Hier einige Vorschläge, die beliebig erweitert werden können:
Wir singen bekannte Weihnachtslieder – Wir lernen gemeinsam ein neues Weihnachtslied – Weihnachtliche Musik mit Orff-Instrumenten – Die Kinder spielen ein kleines Theaterstück vor – Die Eltern spielen für die Kinder – Die Weihnachtsgeschichte wird erzählt oder mit vielen Bildern vorgestellt – Wir spielen ein Krippenspiel – Wir entwickeln spontan ein gemeinsames Weihnachtsspiel, an dem sich alle beteiligen können (Vorschlag Seite 132) – Ein Erwachsener spielt den Nikolaus – Kinder stellen den Nikolaus dar und verteilen Geschenke – Wir stellen die Weihnachtsgeschichte in einem Puppenspiel, im Schattenspiel oder im Menschenschattenspiel dar – Dias oder Filme, die während des Jahres im Kindergarten entstanden sind, werden vorgeführt, eventuell mit einem selbst hergestellten Tonband mit Liedern usw. begleitet. Vielleicht ist es auch möglich, daß die Kinder während des Vorstellens dazu erzählen und singen – Die Weihnachtsgeschenke sind in einem stabilen großen Knusperhäuschen hinterlegt. Wir spielen „Hänsel und Gretel", und anschließend darf sich jedes Kind etwas aus dem Knusperhäuschen herausholen und das Häuschen selbst abknappern.

Bildergalerie
Ein riesiger Tannenbaum, der fast so hoch wie das Gruppenzimmer ist, läßt sich als Gemeinschaftsarbeit anfertigen, indem Tapetenreste oder Karton in

der Form eines Puzzles angelegt, mit kräftigen Farben angemalt und anschließend an einer Wand befestigt werden. An die „Zweige" werden dann mit Reißbrettstiften oder mit Magnetplatten oder mit Tesa die Bilder aufgehängt, die ausgestellt werden sollen. Ein solcher Riesen-Bilderbaum stellt einen wirklichen Blickfang dar und weckt Interesse für die Bilder, die an ihm aufgehängt werden. Auch Mobiles, Faltarbeiten, Strohsterne usw. können an ihm aufgehängt werden, wenn kleine Nägel oder Reißbrettstifte die einzelnen Arbeiten halten.

Dreikönigstag

In der mozarabischen Liturgie wird das Fest der Erscheinung des Herrn „acceptatio = Annahme" genannt. Dieses Fest wird am 6. Januar gefeiert, weil Jesus Christus in der Figur der Weisen gleichsam die gesamte heidnische Welt angenommen hat. In anderen alten Liturgien trägt dieses Fest den Namen „Lichtfest". Dieser Tag war der Haupt-Tauftag und wurde mehr gefeiert als die erste Erscheinung Christi am Weihnachtsfest.
In den südlichen Ländern gibt es an diesem Tag auch die Weihnachtsgeschenke. Ursprünglich wurde von allen Christen Weihnachten am 6. Januar gefeiert. Die Christen im nördlichen Teil Europas, z. B. Deutschland, in Frankreich und in den skandinavischen Ländern paßten sich später dem heidnischen Fest der Wintersonnenwende an und feiern seitdem Weihnachten am 25. und 26. Dezember. So fahren beispielsweise im spanischen Gran Canaria am 6. Januar die drei Könige in Jeeps hinter einem großen Stern her, der auf einem Lastwagen befestigt ist. Erwachsene und Kinder haben sich als römische Soldaten verkleidet und ziehen in einem langen Zug hinter den Königen her, viele Musikgruppen sind auch dabei. Es ist ein richtiges Volksfest.
Die Heiligen Drei Könige teilen den Kindern Bonbons und andere Süßigkeiten aus. Zu Hause werden dann in allen Familien die Weihnachtsgeschenke verteilt: Weihnachten am 6. Januar.
Die Heilige Schrift selbst spricht von den Weisen, nicht von Königen. Seit dem fünften Jahrhundert stellt man sich die Weisen als tatsächliche weltliche Könige vor. Seit dem vierzehnten Jahrhundert ist auch die Figur des Mohren bekannt. Hierfür gibt es zwei Erklärungen: Einmal wird angenommen, daß man dadurch verdeutlichen wollte, daß Jesus Christus zu allen Menschen ohne Unterschied der Rasse und Hautfarbe gekommen ist. Zum anderen kann auch ein Hörfehler („Mohrenland" statt „Morgenland") der Ausgangspunkt gewesen sein.
Die drei Könige, so wie wir sie heute am Dreikönigstag kennen, tragen die Namen Caspar, Melchior und Balthasar. Noch heute findet man ihre Anfangsbuchstaben (C+M+B = lat.: christus mansionem benedicat = deutsch = Christus segne dieses Haus) als Schutzzeichen an den Türen von Bauern-

häusern. In vielen Gegenden Deutschlands ziehen die Kinder als Könige durch die Straßen, singen Dreikönigslieder und sammeln Gaben ein. Selbstverständlich ist ein Kind immer als Mohr verkleidet. Sie tragen Kronen aus Goldpapier und ziehen hinter einem Stern her, der an einem Stock vorangetragen wird. Vielfach gibt es auch noch Laternenumzüge zu diesem Tag. In Hamburg werden die Lieder der Könige mit einem Instrument begleitet, das aus einem Tonkrug, über den eine Schweinsblase gespannt ist, besteht und „Rummelpott" genannt wird. In der Mitte dieses Kruges steckt ein Holzstab. Ein verkleidetes Kind reibt diesen Stab solange, bis ein rummelnder, dumpfer Ton entsteht.

Das Bohnenfest

Der aus Holland stammende Brauch, einen „Bohnenkönig" zu wählen, ist auch eine Möglichkeit, im Kindergarten zum Dreikönigstag ein kleines Fest zu gestalten. Hierzu wird ein Kuchen gebacken, in dessen Teig eine einzige Bohne hineingeknetet wurde. Wer sie beim Essen im Kuchen findet, ist für diesen einen Tag Bohnenkönig. Ihm wird eine Krone aus Gold- oder Buntpapier auf den Kopf gesetzt und er darf an diesem Tag bestimmen, was getan werden soll. Er ist für einen Tag König, und alle müssen seinem Befehl gehorchen. Wer sich seinem Befehl widersetzt, muß einen Pfand hergeben oder eine Arbeit übernehmen, zu der der Bohnenkönig selbst keine Lust hat. Übrigens ist das berühmte Gemälde von Jan Steen „Das Bohnenfest", das wegen seines starken emotionalen Gehaltes bereits Kindergartenkindern zugänglich ist, im Schloß Wilhelmshöhe bei Kassel zu sehen und auch als guter Farbdruck (Kunstpostkarte) erhältlich.

Bohnenkönigspiel Melodie: Heribert Combüchen / Text: Rolf Krenzer

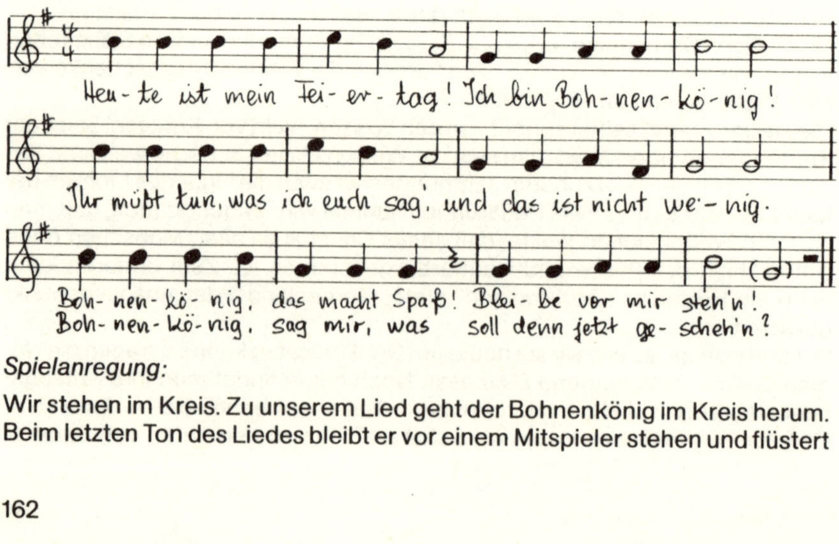

Spielanregung:

Wir stehen im Kreis. Zu unserem Lied geht der Bohnenkönig im Kreis herum. Beim letzten Ton des Liedes bleibt er vor einem Mitspieler stehen und flüstert ihm ins Ohr., was er tun soll. Wenn er die ihm gestellte Aufgabe löst (z. B. pfeifen, Purzelbaum schlagen, auf allen Vieren kriechen) und alle erkennen und herausfinden, was ihm der Bohnenkönig ins Ohr geflüstert hat, erhält er die Krone und darf in der folgenden Runde der Bohnenkönig sein.

Lieder zum Dreikönigstag

Hier kommen die Könige Melodie und Text: Rolf Krenzer

2. Ich bin König Balthasar.
Ich folge diesem Stern.
Ach, helft mir und sagt mir doch:
Wo finde ich den Herrn?

3. Ich bin König Melchior.
Ich folge diesem Stern.
Ach, helft mir und sagt mir doch:
Wo finde ich den Herrn?

4. Und König Kaspar bin ich.
Ich folge diesem Stern.
Ach, helft mir und sagt mir doch:
Wo finde ich den Herrn?

5. Hier kommen die Könige.
Sie folgen deinem Stern.
Sie gehen von Haus zu Haus
und finden den Herrn.

6. Wir laufen zum Stall hinaus.
Wir folgen ja so gern.
Wir knien vor der Krippe hin
und grüßen unsern Herrn.

(Aus R. Krenzer [Hrsg.]: Regenbogen bunt und schön, Ernst Kaufmann, Lahr – Kösel, München.)

Hinter dem Stern her Melodie: Wolfgang Schult / Text: Rolf Krenzer

Hinter dem Stern her,
hinter dem Stern her,
hinter dem Stern so hell und klar
ziehen drei Herrn her,
ziehen drei Herrn her:
Melchior, Kaspar und Balthasar.

Alle: Leider, leider, er ist nicht hier!
Könige: Weiter, weiter ziehen wir.
Wir suchen heute
wir suchen heute
nach Gottes Sohn, dem starken Held.
Sagt uns, ihr Leute,
sagt uns, ihr Leute,
wo ist geborn der Herr der Welt?
Alle: Leider, leider, er ist nicht hier.
Könige: Weiter, weiter ziehen wir.
Der Stern bleibt stehen,
der Stern bleibt stehen
über dem Stall am Himmelszelt.
Jeder darf sehen,
jeder darf sehen:
hier ist geborn der Herr der Welt.

Die Sternsinger gehen mit ihrem Stern (Stern auf einem Stock) im Kreis herum. Nach einer Strophe bleiben sie stehen, und die Spieler im Kreis singen: „Leider, leider, er ist nicht hier!" Die Könige bedanken sich: „Weiter, weiter ziehen wir!" und ziehen weiter im Kreis herum. Zum Schluß bleiben sie vor der Krippe stehen. Alle anderen kommen hinzu und stellen sich im Kreis um die Krippe auf. Dann wird die letzte Strophe noch einmal gesungen.

(Aus I. Lotz/R. Krenzer: Wir sind die Musikanten, Ernst Kaufmann, Lahr – Kösel, München.)

Die heilgen drei König Aus Bayern

2. Die heilgen drei König mit ihrigem Stern
   sie bringen dem Kindlein das Opfer so gern.
   Sie reisten in schneller Eil, in dreißig Tag vierhundert Meil.
3. Die heilgen drei König mit ihrigem Stern
   knien nieder und ehren das Kindlein, den Herrn.
   Ein selige, fröhliche Zeit verleih uns Gott im Himmelreich!

Drei König führet die göttliche Hand Altes deutsches Kinderlied

2. Zum Christkind durch Jerusalem,
   in einen Stall nach Bethlehem.
3. Sie kommen daher in schneller Eil',
   in dreizehn Tagen vierhundert Meil'.
4. Sie kommen wohl vor Herodes Haus,
   da schaut der Herodes zum Fenster hinaus:

5. „Ihr lieben Herren, wo wollet ihr hin?"
„Nach Bethlehem steht unser Sinn!

6. Nach Bethlehem, nach Davids Stadt,
allwo uns der Stern gezeichnet hat."

7. „Was schaffet ihr da, ihr lieben drei Herrn?"
„Wir wollen dem Kinde Gold, Weihrauch verehr'n!"

8. Gott, führ uns auch zu diesem Kind
und mach uns zu seinem Hofgesind!

Wir treten herein Volkslied

Wir treten ein so feierlich und fest.
Wir grüßen das Kind und all seine Gäst'.

Wir neigen uns in Ehrfurcht hin
vor dir, Maria, Königin.

Wir beugen uns in Demut tief
vor Gott, der durch den Stern uns rief.

Gedichte und Sprüche

Die Verbindung mit Weihnachten ist deutlich: Noch einmal steht das Kind in der Krippe im Mittelpunkt. Die drei Weisen machen sich auf, um dem Kind ihren Besuch abzustatten. Sie suchen den neugeborenen König und wandern hinter dem Stern her, der ihnen den Weg zeigt. Die Geschichte wird deutlicher, wenn sie gespielt werden darf. Wir basteln gemeinsam einen großen Goldstern und befestigen ihn an einem Stock. Dann dürfen sich drei Kinder als Könige verkleiden. Wir marschieren im Raum herum und singen Weihnachts- und Neujahrslieder.
Besondere Freude macht es, wenn man eine andere Gruppe besuchen darf und dort mit der Hilfe des Erziehers ein Dreikönigslied vortragen kann. Natürlich darf jeder einmal den Stock mit dem Stern tragen.
Hier sind einige Reime, die zu einer einfachen Melodie gesungen und – eventuell mit dem Orff-Instrumentarium – vorgetragen werden können.

Die heiligen drei Könige

Die heiligen drei Könige
Mit Ihrem Stern,
Sie kommen gegangen,
Ihr Frauen und Herrn.
Der Stern gab ihnen den Schein:
Ein neues Jahr kommt nun herein.

Wir heiligen drei Könige

Wir heiligen drei Könige,
Wir kommen zu euch,
Viel Glück und Gesundheit,
Das wünschen wir heut.

Die heiligen drei Könige mit ihrem Stern

Die heiligen drei Könige
Mit ihrem Stern
Sie kommen gegangen
Und suchen den Herrn.

Da kommen die drei Könige

Da kommen die drei Könige mit ihrem Stern,
Sie krachen die Nüsse und essen den Kern.
Sie werfen die Schalen zum Fenster raus,
Da kommen die Hühner und picken sie auf.

Wir kommen hierher von Gott gesandt

Wir kommen hierher von Gott gesandt,
Mit diesem Stern aus dem Morgenland.
Wir wünschen euch ein glückliches Jahr,
Viel besser, als das alte war.

Wir sind die drei Könige

Wir sind die drei Könige aus dem Morgenland
Und werden Kaspar, Melchior und Balthasar genannt.

Ich bin ein kleiner König

Ich bin ein kleiner König,
Gebt mir nicht zu wenig,
Laßt mich nicht zu lange stehn,
Denn ich muß heut noch weitergehn.

In seiner einfachen Art kann Heinrich Heines Gedicht von den drei Königen bereits verstanden werden:

Die heiligen drei Könige aus Morgenland

Die heiligen drei Könige aus Morgenland,
Sie frugen in jedem Städtchen:
„Wo geht der Weg nach Bethlehem,
Ihr lieben Buben und Mädchen?"
Die Jungen und Alten, sie wußtens nicht,
Die Könige zogen weiter;

Sie folgten einem goldenen Stern,
Der leuchtete lieblich und heiter.
Der Stern blieb stehn über Josephs Haus,
Da sind sie hineingegangen;
Das Öchslein brüllte, das Kindlein schrie,
Die heiligen drei Könige sangen.

Spiele zum Dreikönigstag

Die Heiligen Drei Könige

aus Ostpreußen überliefert

Erster Knabe:	Ich bin der König von Mohrenland, die Sonne hat mich so schwarz gebrannt.
Zweiter Knabe:	Ich bin der König von Griechenland, die Sonne hat mich so rot gebrannt.
Dritter Knabe:	Ich bin der König von Arabien, was wollt ihr bereit haben?
Alle drei:	Gott gab uns einen Sinn, Jesus zu besuchen. Wir fanden ihn durch einen Stern.
Erster Knabe:	Ich gab ihm Silber.
Zweiter Knabe:	Ich gab ihm Weihrauch und Myrrhe.
Dritter Knabe:	Ich gab ihm Gold.
Alle drei:	So bleibt uns Jesus allen hold.

Wir suchen den Herrn

Das Spiel ist auch als Rollensatz im Dr. Buchner-Verlag, Krailling vor München zu beziehen.

Im Mittelpunkt steht das Kind in der Krippe. Die drei Weisen machen sich auf, um dem Kind ihren Besuch abzustatten. Sie suchen den neugeborenen König und wandern hinter dem Stern her, der ihnen den Weg zeigt.
Als wirklich notwendig für das Spiel wird ein Stern (Goldstern, Pappestern) angesehen, der an einem Stock befestigt wird. Die übrigen Kostüme und Utensilien sollten so einfach wie nur möglich sein. Es gibt Kinder, die das Spiel ohne jedes Kostüm spielen. Andere benötigen beispielsweise die Krone als notwendiges Requisit für die Rolle eines Königs. Auf keinen Fall sollte man sich dazu verleiten lassen, den Inhalt des Spiels durch übermäßige Kostümierung in die Nähe eines Faschingsstückes zu rücken.

Das Dreikönigslied wird sehr schnell von der gesamten Gruppe gesungen. Wenn es allein gesungen wird, kann es für sehr junge Kinder schon das ganze Spiel darstellen: Die drei Könige gehen im Kreis herum, tragen den Stern und singen ihr Lied. Natürlich darf jeder einmal den Stock mit dem Stern tragen. Besondere Freude macht es, wenn man eine andere Gruppe besuchen darf und dort mit Hilfe des Erziehers das Lied vortragen darf. Aber auch bei einer Weihnachtsfeier oder einem Elternabend kann das Lied durchaus als einziger Beitrag bestehen.
Der vorliegende Text ermöglicht jede Variation.
Die einfachste Form: Die drei Könige ziehen im Kreis. Es wird nur die Szene in Bethlehem (oder Jerusalem) dargestellt. Der Betreuer erzählt den Text. Die einzelnen Spieler singen das Lied gemeinsam. Wirt, Wirtin und Gäste schließen sich den Königen an, bis alle vor dem Stall stehen.
Auch jede der beiden Szenen kann direkt im Kreis gespielt werden. Der König Herodes sitzt auf einem hohen Stuhl oder auf dem Tisch, die Wache steht in militärischer Haltung in seiner Nähe. Wirt und Wirtin stehen hinter ihrem Stuhl und kommen dann hervor.
Wenn das Spiel auf einer Bühne dargestellt werden soll, bedarf es keiner Umbauten, da jeder einzelne Spieler bereits durch seinen Standort seine Situation deutlich machen kann. Den König Herodes sollte man auf einem Stuhl vorstellen.
Jede der beiden Szenen des Spiels kann ganz für sich allein stehen, wobei der Szene in Bethlehem der Vorrang gegeben werden sollte. Wer zusätzliche Requisiten in das Spiel einbeziehen will, sollte zunächst die bekannten Gegenstände der nächsten Umwelt hier einbeziehen: Tisch als Schloß – Stühle als Häuser für Wirt und Wirtin – Tisch als Stall.
Wer mehr aufwenden will, kann gemeinsam mit den Spielern auf großen dikken Karton Schloß, Gasthäuser und Stall aufmalen, die anschließend ausgeschnitten und gegen Tische angelehnt werden können oder auf andere Weise zum Stehen gebracht werden.
Die verschiedenen Schauplätze lassen sich auch durch große Bilder zur jeweiligen Szene deutlich machen: Stadt – Schloß – Gasthaus – Stall. Sehr wirkungsvoll lassen sich hier auch Farbdias einsetzen, die im Hintergrund der Bühne gezeigt werden.
Die eindrucksvollste Gestaltung erreichen wir, wenn wir auf einer relativ düsteren Bühne die einzelnen Personen ohne alle Requisiten (nur Goldkronen und Stern) auf der Bühne agieren lassen, die jeweilige Szene aber mit einem Punktscheinwerfer besonders herausholen.

I. In Jerusalem

Die drei Könige kommen mit ihrem Stern. Sie singen.

Wir sind die drei Könige. Das ist der Stern.
Wir kommen weit her, denn wir suchen den Herrn.

Melchior: Haltet an!
Kaspar: Meine Füße tun weh!
Balthasar: So lang war unsere Reise.
Alle: Der Stern zeigte uns den Weg.
Melchior: Hier ist die Hauptstadt des Landes.
Kaspar: Ist hier der König der Welt geboren?
Balthasar: Da kommt jemand!
Alle: Guten Abend!

Ein Bürger Jerusalems tritt hinzu.

Balthasar: So lang war unsere Reise!
Melchior: Hier ist die Hauptstadt des Landes.
Kaspar: Ist hier der König der Welt geboren?
Bürger: Wer?
Alle: Der König der Welt!
Bürger: Der König? Er wohnt dort im Schloß. Er heißt Herodes. Geht hin und fragt!

Er zeigt mit der Hand zu dem Schloß hin. Die Könige nehmen ihren Stern auf und machen sich auf den Weg. Sie singen.

Wir sind die drei Könige. Das ist der Stern. Wir kommen weit her, denn wir suchen den Herrn.

Die Könige halten vor der Wache an.

Wache: Halt! Was wollt ihr?
Balthasar: So lang war unsere Reise.
Alle: Der Stern zeigte uns den Weg.
Melchior: Hier ist die Hauptstadt des Landes. Hier ist das Schloß.
Kaspar: Ist hier der König der Welt geboren?
Wache: Wer?
Alle: Der König der Welt!
Wache: Der König wohnt hier. Er heißt Herodes. Kommt mit!

Die Wache führt die Könige zu dem König. Die Könige singen.

Wir sind die drei Könige. Das ist der Stern.
Wir kommen weit her, denn wir suchen den Herrn.

Herodes: Was wollt ihr?
Balthasar: So lang war unsere Reise.

Alle:	Der Stern zeigte uns den Weg.
Melchior:	Hier ist die Hauptstadt des Landes. Hier ist das Schloß. Du bist ein König.
Kaspar:	Ist hier der König der Welt geboren?
Herodes:	Wer?
Alle:	Der König der Welt!
Herodes:	Hier wurde kein König geboren. Zieht weiter. Geht nach Bethlehem. Vielleicht findet ihr ihn dort.

Die Könige verneigen sich, nehmen ihren Stern auf und wollen weiter. Sie singen.

	Wir sind die drei Könige. Das ist der Stern.
Herodes:	Halt! Wartet! Kommt zu mir zurück, wenn ihr ihn gefunden habt. Sagt mir, wo ihr ihn gefunden habt. Ich will es wissen!

Die Könige nicken, verneigen sich und gehen mit dem Stern weiter. Sie singen.

Wir sind die drei Könige. Das ist der Stern.
Wir kommen weit her, denn wir suchen den Herrn!

II. Bethlehem

Die drei Könige kommen mit ihrem Stern. Sie singen.

	Wir gehen zusammen und folgen dem Stern. Ihr Leute, kommt mit, denn wir suchen den Herrn.
Melchior:	Haltet an!
Kaspar:	Meine Füße tun weh!
Balthasar:	So lang war unsere Reise.
Alle:	Der Stern zeigte uns den Weg.
Melchior:	Hier ist Bethlehem.
Kaspar:	Ist hier der König der Welt geboren?
Balthasar:	Es ist dunkel. Die Straßen sind leer.
Melchior:	Dort ist noch Licht!
Kaspar:	Ein Gasthaus.
Balthasar:	Ich klopfe an.

Er klopft. Die Tür wird geöffnet und der Wirt tritt heraus.

Wirt:	Drei Könige stehen vor der Tür!

Nun drängen sich auch die Gäste an dem Wirt vorbei und bleiben ehrfürchtig vor den Königen stehen. Der Wirt verbeugt sich tief.

Wirt:	Was kann ich für euch tun?
Melchior:	Hier ist Bethlehem.
Kaspar:	Ist hier der König der Welt geboren?
Wirt:	Wer?
Alle:	Der König der Welt!

Wirt: In meinem Haus wurde kein König geboren. Vielleicht in dem anderen Gasthaus. Ich zeige euch den Weg.
Die Gäste: Wir kommen mit. Das wollen wir sehen!

Die Könige nehmen den Stern auf. Der Wirt führt sie weiter. Die Gäste folgen. Sie singen.

Wir gehen zusammen und folgen dem Stern.
Ihr Leute, kommt mit, denn wir suchen den Herrn.

Wirt: Hier ist das Gasthaus. Es brennt noch Licht.
Balthasar: Ich klopfe an.

Er klopft. Die Tür wird geöffnet und die Wirtin tritt heraus. Sie erschrickt, als sie die vielen Leute erblickt.

Wirtin: Was wollt ihr?

Der Wirt, die Gäste deuten auf den Stern und auf die drei Könige.

Wirtin: Kommt heraus! Drei Könige stehen vor unserem Haus!

Die Gäste dieses Gasthauses drängen an der Wirtin vorbei und bleiben ehrfürchtig vor den drei Königen stehen. Die Wirtin macht einen Knicks.

Wirtin: Was kann ich für euch tun?
Melchior: Hier ist Bethlehem.
Kaspar: Ist hier der König der Welt geboren?
Wirtin: Wer?
Könige/Wirt/Gäste: Der König der Welt!
Wirtin/Gäste: Der König der Welt?
Wirtin: In meinem Haus wurde kein König geboren.
Wirt: Wo sollen wir noch suchen?
Balthasar: So lang war unsere Reise.
Könige: Der Stern zeigte uns den Weg.
Melchior: Hier ist Bethlehem.
Alle: Wo finden wir den König?

Die Könige nehmen den Stern auf. Sie gehen weiter. Alle folgen ihnen. Sie singen.

Wir gehen zusammen und folgen dem Stern.
Ihr Leute, kommt mit, denn wir suchen den Herrn.

Hirte: Wartet! Wartet! Wo wollt ihr hin?
Alle: Wir suchen den König der Welt.
Könige: Der Stern zeigte uns den Weg.

Der Hirte deutet mit seiner Hand auf den Stall.

Hirte: Der König der Welt ist hier geboren.
Wirt: Im Stall?
Gäste/Wirtin: Im Stall.
Hirte: Ja, im Stall! Kommt mit. Ihr findet Joseph. Ihr findet Maria. Das Kind liegt in der Krippe. Der König der Welt ist im Stall geboren!

Balthasar:	So lang war unsere Reise.
Könige:	Der Stern zeigte uns den Weg.
Melchior:	Wir gehen zu dem König.
Kaspar:	Wir gehen zum Stall.
Balthasar:	Wir gehen zur Krippe.

Der Hirte geht langsam vor. Er winkt den anderen zu.

Hirte: Kommt mit!

So setzt sich der Zug langsam in Bewegung. Die Könige nehmen ihren Stern auf. Alle singen und folgen dem Stern.

Wir gehen zusammen und folgen dem Stern.
Ihr Leute, kommt mit, denn wir finden den Herrn.

Ein weiteres Spiel mit dem Titel „Die Könige aus dem Morgenland“ findet man in R. Krenzer: Wir spielen Theater, Band II, Edition Kemper im Verlag Ernst Kaufmann, Lahr.

Geschichten zum Dreikönigstag

Paul Schaaf: Babuschka und die drei Könige
In Sybil Gräfin Schönfeldt (Hrsg.): Das Bilderbuch für die Weihnachtszeit, Otto Maier, Ravensburg.

Karl Heinz Waggerl: Warum der schwarze König Melchior so froh wurde
In Karl Heinz Waggerl: Und es begab sich, Otto Müller, Salzburg

Bücher für die Arbeit mit Kindern

Hans Werner Clasen/Rolf Krenzer
Ich schenke Dir ein Lied von mir
40 neue Lieder zum Singen und Musizieren für Kinder von 4-12
68 Seiten, kart, EK 0063

Klaus Finkel
Elementares Musiktheater mit geistig behinderten Kindern
132 Seiten, kart, EK 0055

Edmund Jung / Rolf Krenzer
Hilfen zur Sexualerziehung Geistigbehinderter
92 Seiten, kart, EK 0050

Rolf Krenzer
Einfaches Basteln und Werken mit Kindern
88 Seiten, kart, EK 0907

Rolf Krenzer
Deine Hände klatschen auch
156 Seiten, kart, EK 0900

Rolf Krenzer
Feste und Feiern mit Behinderten
158 Seiten, kart, EK 0052

Rolf Krenzer / Dagmar Domina
Nun rate, rate, wer ich bin
112 Seiten, kart, EK 0059

Rolf Krenzer
Spiele mit behinderten Kindern
Band 1, 128 Seiten, kart, EK 0903

Rolf Krenzer
Spiele mit behinderten Kindern
Band 2, 162 Seiten, kart, EK 0054

Rolf Krenzer
Wir spielen Theater
Band 1, 176 Seiten, kart, EK 0901

Rolf Krenzer
Wir spielen Theater
Band 2, 176 Seiten, kart, EK 0902

Rolf Krenzer
Die Osterzeit im Kindergarten
144 Seiten, kart, EK 0908

Eleonore Striewe
Das Sommerfest im Kindergarten
144 Seiten, kart, EK 0905

Rolf Krenzer
Die Herbstzeit im Kindergarten
144 Seiten, kart, EK 0909

Rolf Krenzer
Weihnachten im Kindergarten
176 Seiten, kart, EK 0906

**EDITION KEMPER
IM VERLAG ERNST KAUFMANN**

Religiöse Erziehung in der Familie

Charles Singer
Danke lieber Gott
Kindergebete mit Bildern von Sophie Labayle. 62 Seiten, geb
Kaufmann/Benziger

Projektgruppe Glaubensinformation in Zusammenarbeit mit Prof. Helmut Thielicke
Wer glaubt, lernt leben
Briefe an junge Eltern.
194 Seiten, kart
Kaufmann/Benziger

Kommt und schaut die Taten Gottes
Die Bibel in Auswahl, nacherzählt von Dietrich Steinwede, mit Bildern aus dem ersten Jahrtausend christlicher Kunst. 208 Seiten, geb
Kaufmann/Christophorus/V & R

Friedrich Hoffmann
Bilderbibel
Mit 39 zweifarbigen und 52 vierfarbigen Bildern von Frère Eric de Saussure von der Communauté de Taizé.
280 Seiten, geb

Steig ein fahr mit
Ein Lese-, Spiel- und Bastelbuch zur religiösen Erziehung.
Hrsg. von Renate Schupp
112 Seiten und 12 Bastelbogen, geb

Alfred und Regine Schindler
Unser Kind ist getauft – Ein Weg beginnt
56 Seiten mit 11 Fotos, kart

Regine Schindler
Erziehen zur Hoffnung
Ein Elternbuch zur religiösen Erziehung.
176 Seiten, kart
Kaufmann/TVZ

Detlev Block
Gut, daß du da bist
Gebete für Kinder mit Bildern von Hilde Heyduck-Huth. 80 Seiten, geb
Kaufmann/Benziger

RELIGION FÜR KLEINE LEUTE
Eine Bilderbuchreihe von Regine Schindler, die vier- bis achtjährige Kinder zu einer ersten Begegnung mit dem christlichen Glauben führt.
Je 28 - 32 Seiten, geb

Florian in der Kirche
Fotos von Hartmut Schmidt.

Benjamin sucht den lieben Gott
Mit Bildern von Ursula Verburg.

Das verlorene Schaf
Mit Bildern von Hilde Heyduck-Huth.

Steffis Bruder wird getauft
Fotos von Hartmut Schmidt.

Pele und das neue Leben
Mit Bildern von Hilde Heyduck-Huth.

Helen lernt leben
Mit Bildern von Colette Camil.

Deine Schöpfung – meine Welt
Mit Bildern von Hilde Heyduck-Huth.

Martinus teilt den Mantel
Mit Bildern von Hilde Heyduck-Huth.

. . . und Sara lacht
Mit Bildern von Eleonore Schmid.

Christophorus
Mit Bildern von Eleonore Schmid.

Die Sterndeuter kommen
Mit Bildern von Hilde Heyduck-Huth.

VERLAG ERNST KAUFMANN